覚悟はよいか

円覚寺管長
朝比奈宗源

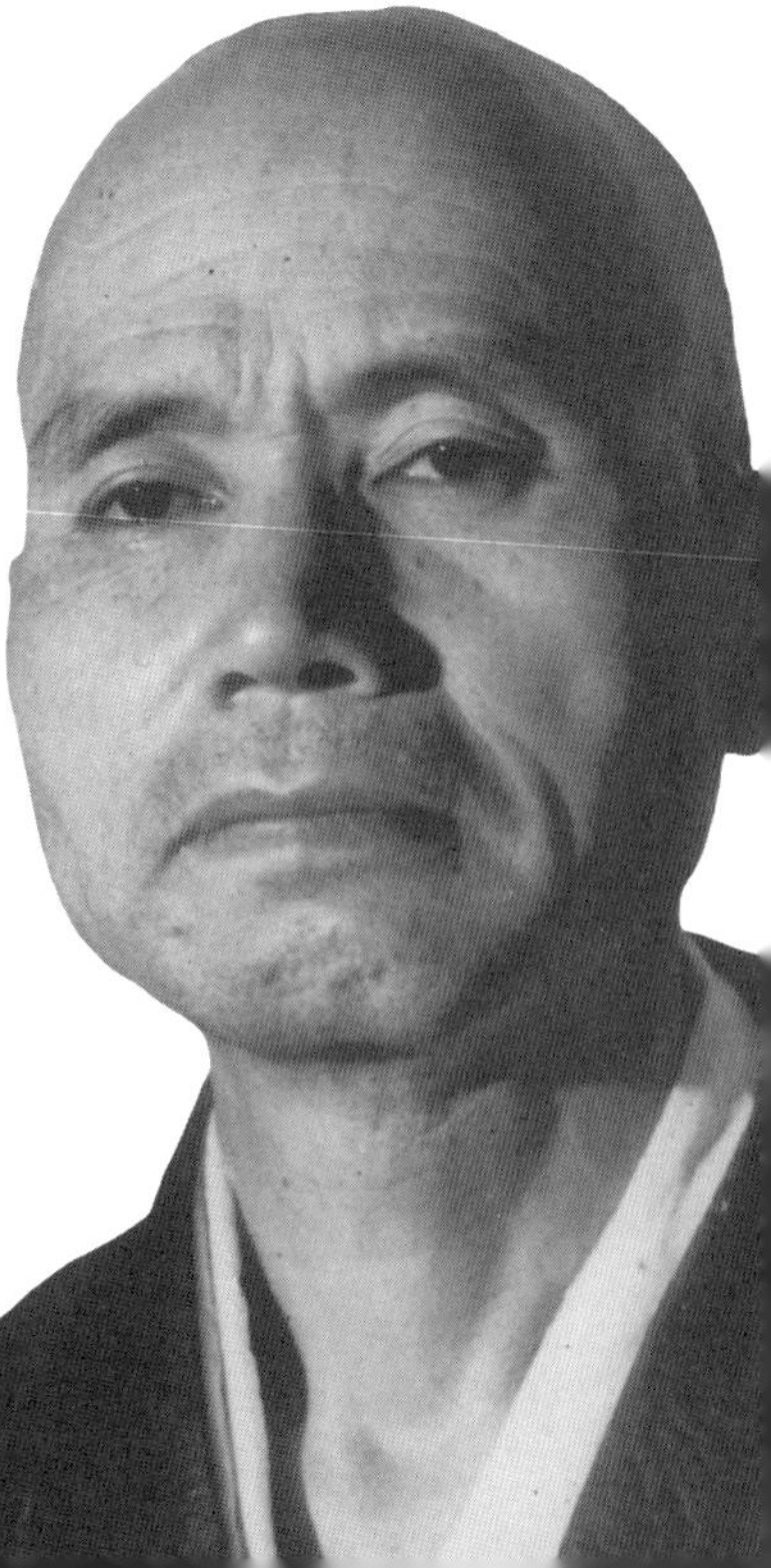

『覚悟はよいか』復刊にあたって

「この一冊が、私の人生を決めた」、そう言っても過言ではない。

この本が出版された昭和五十三年、私はまだふるさと和歌山県新宮市の中学生であった。十四歳の私は、この本を貪り読んだ。常に座右に置いて何度も何度も繰り返し読んだ。四十年以上経つ今でもその内容を忘れることはない。

私は和歌山県新宮市で鉄工業を営む家に生を享けた。鎌倉にも円覚寺にも全く縁はなかった。ただ満二歳の時に祖父の死に遭って、死とは何か、大きな疑問を抱いた。小学生の頃に同級生の死にも遭って、更に死は、抜き差しならぬ問題となった。死とは何か、死んでどうなるか、解決を求めて書物を読み漁り、お寺や教会に通ったりした。その中で禅寺で坐禅をし、禅の「老師」と呼ばれる方の謦咳に接して、ここに死を解決する道があると直感した。その直感を書物で裏付けしてくれたのが、この『覚悟はよいか』であった。

『覚悟はよいか』は、当時円覚寺の管長であった朝比奈宗源老師の本である。老師は昭和五十四年に八十八歳でお亡くなりになっているので、お亡くなりになる前年に出されたものだ。

朝比奈老師は、四歳で母を亡くし、七歳で父を亡くされた。死んだ両親はどこに行ったのかを求めて坐禅に道を志された。坐禅をして、この死の問題をはっきりと解決することができたと書かれている。死についての答えを求めて彷徨していた私にとっては、まさに求める道を得た思いであったのだ。

本書の魅力はいくつも挙げることができるが、まず第一は幼少の頃に死について大きな疑問をもって十歳で出家して、白隠禅師をお手本に純粋に坐禅の修行に励まれて、この問題を解決されたところにある。朝比奈老師がお若い頃にどのような修行をなさっていたのか細かに書かれているので、今修行をする者にとっては大いに参考になり、励まされる。そして、坐禅修行に打ち込まれた結果、死んでも死なない「仏心」の世界を体得されたのであった。

第二の魅力は、「信心」の世界について語られているところである。朝比奈老師は三十歳で鎌倉の浄智寺に住されたが、親戚の方の一言で大きな疑問を持たれた。もう年をとって禅の修行もできない者には救いはないのかという問いであった。そこで朝比奈老師は、浄土門の村田静照和上を訪ねられた。

この村田和上という方は、浄土真宗でも傑出した方であった。禅僧との交流も持たれていた。朝比奈老師は、村田和上との出会いを通して「信心」の世界に目覚められたのだ。後に朝比奈老師は「仏心の信心」という独自の禅風を挙揚されるようになったのだ。

村田和上との問答の数々などは、実に生き生きとした躍動を感じることができる。実際に修行して「仏心」を悟ることができなくても、そのまま「信心」すればよいと語ってくれているので、大きな安らぎが得られる。

第三の魅力は本書の後半、国を憂う一念が語られているところである。朝比奈老師は、戦後世界連邦の運動に力を注がれたが、晩年は日本の国のことを大いに憂慮されるようになった。

円覚寺は、元寇という国難の後に建てられた寺である。元寇の為だけに生まれ、国を守ることに文字通り命を賭けられた北条時宗公が開基である。

本書の中で、その北条時宗公の眠る円覚寺で、金子堅太郎氏が講演なさったことが書かれている。金子堅太郎氏は、伊藤博文公の元で日露戦争勃発と同時に渡米して、ルーズベルト大統領と和平の交渉をなされていたのであった。

金子氏の講演は、その間の消息を細かに語っておられる。私は今も、朝比奈老師が、この講演の内容を語った部分をよく引用させてもらっている。

令和の時代を迎えてなお内憂外患が続いている。日本の国を憂えておられた老師が今の日本をどのようにご覧になるだろうか。

朝比奈老師がお亡くなりになって三十三回忌の法要が円覚寺で行われた時、私は円覚寺の管長となっていた。この本が出版されて三十二年の後に私は、円覚寺の管長に就任したのだった。十四歳で老師の本を貪るように読んでいた者が、その老師のお寺の管長になり、そして今も老師がお使いになっておられた部屋で寝起きしているのだ。ご縁というのは不思議というほかはない。そのご縁を作ってくれたのが、実にこの『覚悟はよいか』の一冊であった。

そんな本がこの度ごま書房新社から復刻されることになり、慶ばしい限りである。きっと朝比奈老師もお慶びくださるだろう。それと同時に今の日本の様子をご覧になって厳しい叱声を賜るはずであろうと思う。

ともあれ、私の人生を決めた一書が今再びよみがえることを慶び、広く多くの方にお薦め申し上げる次第である。

円覚寺　横田南嶺

令和四年十二月

◆覚悟はよいか　目次

生命の原点

現代を憂う

写真提供／朝比奈惠温住職（鎌倉浄智寺）

わが心の遍歴

偏屈を俗に臍曲がりという

善知識

仏教では、善知識《ぜんちしき》というものをたいせつにする。善き人に会う、善き師に出会う。それもこれも仏のお導きによるものだとよろこばしてもらう人もいるが、善き人といっても、かならずしも快い印象の人ばかりではない。かえって苦々しい思いばかり残している人がそうだったり、なんとしても許せぬと思う人物が、得難いものをあたえてくれていたりする。

儂《わし》の場合、善知識というと、きわめて近い身内の二人を思う。父親と叔父だ。父親は儂が七つのときに死んだ。その後をみてくれたのが、叔父だった。いずれも幼い子供にとってはむごい存在だった。それはそうだろう。七つの子供を残して早世する親なんて、いってみれば身勝手なものだよ。それに、血が通っているとはいっても、よその家へ身を寄せねばならないというのは、そもそもあってはならないことだ。

この叔父に関していえば、儂が面倒をかけたというよりも、叔父一家の面倒をみさしてもらったというほうが当っているかも知れないが、いずれにしてもこの叔父から鍛えに鍛え抜かれたことは事実だった。儂は、早世した父親によって人生の何たるかを小さい頃から課題にするようになり、叔父によって、不屈の性根《しょうね》をみがかれたと思う。不屈といっても「なにくそ」と力みかえったものではない。ごく自然に、自分をとりまくものに対して、負けず、卑屈にならず振舞うことができるようになるということだ。まったく、この叔父のおかげだと思っている。

父親は、糞真面目な男だった。この点、儂も同じだ。性分というものだろうなあ。儂という人間は、考えてみると面白くもおかしくもない人物らしい。八十六年も生きてきて、面白い話って、たんとないな。

父親が死んだのは、明治三十年だった。七つまでの記憶しかないのに、糞真面目な男だったという印象をつよく植えつけているのは、よくよくのことといわねばならない。たしかにそれだけの理由があったのだ。

死ぬまでチョンマゲを結っていた。明治三十年代にだよ。もちろん、村でそういう旧式な粧いをつづけていたのは、儂の父親だけだった。儂の家は旧家だったが、士《さむらい》ではない。百姓だった。それが文明開化から三十年もたって、まだ髷を結っていたというのは、よほどの頑固者だったのだろう。

頑固で一徹な男には、どこか人の良さがある。それを利用されたのだな。分家が二軒もあるような家だったのに、父親の代で傾いてしまった。だまされて人の保証かなにかして、裁判沙汰になって、財産をとりあげられた。家まで差押えられたのだよ。そのときの恐さを、いまだにおぼえている。いくつだったか正確に思い出せないが、とにかく小さいときだった。

どういう訳か、そのとき家はたすかった。けれども、所詮はそういう運命になっていたのだな。父が死んで程なく乗り込んできた叔父が失敗して、最後に残っていた家屋敷も人手に渡っている。

父親は、信心家だった。

信心といっても、仏教ではない。神道系の新興宗教で丸山講《まるやまこう》というのがあった。どういう経路でその信仰に入ったのか、わからない。当時、村でもこの宗教を信心しているものは他になかった。父親の妹、儂にとっては叔母の夫婦が隣村に居たが、信者は父親とその叔母夫婦しかなかった。

まるで隠れた信仰みたいだけど、隠れてはいなかった。ちゃんとやっていた。毎朝、儂は兄と二人でチョンマゲを結った父親の後ろに坐らされる。神棚が床の間にあって、父親が真ン中に坐る。手を合わせて、

「天明開天《てんめいかいてん》、天明開天……」

と、まるでお題目のように称える。たぶん、天明年中（一七八一～一七八八）に教祖が悟ったんだろうなあ。例の天明の大飢饉があって、江戸や大坂で打ちこわし騒ぎがあり、浅間山が噴火したり、京都に大火があったという騒然たる時代だ。そういう時代に興った宗教が川崎（神奈川県）あたりで盛んだったらしいが、いまい

うとおり、儂の村では、信者は父親だけだった。そういうことをやって、儂は育ったんだな。

その父親が死んだ。

母親は父より三年前に他界していた。その時、兄が十二歳で儂が七つ。もともと儂の兄弟は六人居た。はじめに女ばかり四人生まれて、それから跡取りの兄が生まれ、儂は六人兄弟のビリなんだ。そのビリと、ビリより六つ上の兄とが残された。いまも言ったように、分家の叔父がその後へ入ってきた。この叔父というのは、少しばかり頭が良くて、覇気のある人でな、兄がしくじった家を再興するというような意気込みで経営をやったんだが、間違っちゃって、すってんてんになった。最後の家屋まで売ったんだ。儂は、そんな目に会った。だから、儂は貧乏したんだよ。

叔父というのも気の毒な人で、奥さん、つまり儂の叔母に亡くなられて、後妻をめとったがうまくいかず、帰られてしまった。娘が三人と、息子が一人居た。儂のいとこなんだが、娘は一番上がすでに嫁にいっていて、下の娘も事情があって家を出ていた。真ン中が十八だったな。これが気の毒なことにリウマチで寝たっきり。

跡取りの末ッ子の男の子が儂と同じ年だった。この三人家族のところへ、兄と別れて儂が厄介になることになった。

厄介になるといっても、ただのほほんと転がり込んだわけではない。まあ、下働きにやとわれたみたいなものだった。そりゃ、重宝だったろうよ。同い年のいとこは貧乏していても総領息子だから、何もしないんだ。すると家事、雑用、やるものは儂しかない。飯炊きから掃除、洗濯、一切合切が儂の仕事だ。そのうちに買い出しもやり、貧しい家計の切り盛りもやるようになった。

当時の小学校は四年までしかない。儂は早生まれだから満でいうと十歳で卒業だ。その年頃でもう一家の主婦だったのだ。信じられないだろうが本当なのだ。だから儂は、二宮尊徳の話なんか聞いても、余り感動しなかったな。

叔父という人は、だまって、どこかへ行ってしまう。そして、たまに帰ってきて、お米を買うお金を置いていく。一円くらい。それを儂が預かって、お米を買い、麦を買い、所帯を切りまわした。

買い物先は、片道二キロぐらいあった。米や麦はそこにしか売ってないのだ。学校がすんでから、背負子《しょいこ》に袋をつけて、とぼとぼと歩いていく。考えてみれば不憫なものだ。子供が背負うと背中が重い。が、重いのは苦にならなかった。軽いほうが不安なんだからな。背中の重さで、これで一家が幾日、食っていけるか、わかるんだ。軽いより重いほうがいいというのは、子供の神経じゃない。完全に貧乏所帯が身にしみついた主婦の感覚だよな。米や麦だけではない。味噌や醤油まで自分で分量をはかって、一円というお金と相談しながら求めなければならない。

家の裏が柴山だった。毎日、薪をとりに行く。薪というものは生木《なまき》では燃えないから、あらかじめ幹を伐っておいて、適当に乾燥させておかねばならない。そのうちに、いろいろのものごとの手順というものが自然にのみこめて、要領をおぼえたが、とにかく薪とり一つにしても悪戦苦闘、今思えばよくやったものだな、まったく。

朝起きると御飯を炊いて、みんなに食べさせて……みんなといっても、寝たきりの従姉がいるだろう。赤ン坊のようなものなんだな、その世話が。この姉さんには食事の世話だけではなかった。毎朝、食事のあとで、灸をすえねばならない。いま思っても、いろんなことをやらされたものだ。

それだけやって学校へ行って、帰ってくるとまた雑用だ。繰り返すようだけど、同い年の従弟は、儂がキリキリ舞いしていても、手伝おうという気はない。そういう子だった。万事、おっとりしていたんだろうか。しないのではなく、自分はなにもできないというふうに、諦めきっていたところがあった。

ある朝だった。

儂は山仕事を終えてきて、麦をついていた。要領よくやっているつもりでも、子供なんだな。その日にたべる麦をその朝つき始めるというような不手際さだ。根気の要る仕事で、杵《きね》でこつこつとついていたら、隣のお婆さんが顔を出した。やっぱりお年寄りなんだな。こちらのしていることが、手にとるようにわかる。見るに見かねたんだろう、

「いまごろ、何をしている」

という。問われるまでもない。

「これ、ついて食べるんだ」

「大変だよ」

とお婆さんはいってね、そのぶんはあとまわしにするがいいといって、ついた麦を提《さ》げてきてくれたことをおぼえている。嬉しかったものだ。

そんな毎日なのに、叔父というのが厳しい人で、特に儂には厳しかったな。この人の厳しさのおかげで、儂は潰れなかったと思う。それほど忙しくさせておきながら、遊ばせてくれない。第一、遊ぶゆとりはありはしないのに、遊ぶな遊ぶな、だ。ただし、働け働け、ではない。たまに帰ってくると、勉強しろ勉強しろと追いたてる。学校へ行くものは勉強してないと駄目だと、しごく当り前の理屈なのだが、それを儂一人におしつける。

おかげで、学校の成績だけは、いつも良かったな。自慢のようだが、儂は一年から四年まで一番でとおし、ずっと級長だった。その時分、この田舎の学校が始まって以来だと、褒められもしたよ。それに比べて同い年の従弟は、あまり出来ない。だから、学校でも同じ年の従弟を弟分にしてしまった。

その頃の小学校は月謝が要った。おもしろいことに、兄弟で学校へ行っていると、兄貴が普通どおりに二銭とられるのに対して、弟は一銭ですむ。昔は、そんなことだった。だから従弟を、弟分ではなしに、弟にして一銭に負けてもらっていたものだ。

後の話になるが、儂が三十過ぎのとき田舎に帰ったら、この従弟からいかにもなつかしげに「兄さん」と呼ばれた。儂は、びくっとしたけれども、考えてみると、子供のときはそういうことで、ずっと「兄さん」と呼ばせていたものだった。

叔父の仕打ちは、冷酷非情に見えるかも知れないが、そうではなかったんだなあ。そのへんのところを、きちんと睨んでいたように思う。だから小学校時代を通じて卑屈にもならなかったし、劣等感もなかった。着物なんてものは、汚ない、ひどいものを着ていたし、食べものだって碌なものは食べてないし、儂の貧乏は有名だった。その儂が、すこしも卑屈にならなかったのは、叔父が勉強させてくれたおかげだった。

かりに、クラスに悪い奴がいて、乱暴して弱い者をいじめる。その奴をとっちめるのは、いつも儂だった。大喧嘩してなあ、取っ組んで、組んだまま石段から転げ落ちたことがある。負けるとは思わなかった。そりゃそうだろう。先生が出てくりゃ、儂の言い分を全面的に認めてくれるに違いないという自信があったからな。

善知識だったな、叔父は。まったく儂にとって善き人だった。この叔父のおかげで、儂はまっすぐに来れたと思う。もっといえばその叔父との、そういう機縁をつくってくれた父親がまた善知識だった。父親も叔父も、この兄弟はいまいったように偏屈な男だった。偏屈をぞくに臍曲がりという。どこか歪んでいると、人は見る。けれども、そうではないのだな。変人ではあっても、この儂を、まっすぐ支えてくれたのだから。それから八十年ちかくもだよ、きみ。

死んでも死なぬ

生死事大

生死事大《しょうじじだい》という。人間「生死」ということほどたいせつな問題はない。人間はみんな死ぬ。生あるものはかならず滅する。そんな道理は誰でも心得ている。心得ていながら、のんきに構えておられるのはなぜだろう。大胆といえば、これほど大胆なことはないいんだなあ。

みんな、他人事だと思っている。世界でいま、何万、何千の人がまさに息をひきとろうとしているかわからない。たまたまそれが、見も知らぬ人だからいいようなものの、自分の番にまわって来たとしてみたら、とても、そんな暢気《のんき》に構えておられるものじゃない。

世界、といったって、いきなり世界地図を拡げてみるまでもない。儂らにとっては、身近な家族や親戚、親しい人といったところから「世界」は始まる。動物には「世界」なんて考えはないだろう。人間だけが、目に見えないでも世界というものが理解できる。あくまでも理智的な問題だ。人間、みんな大なり小なり「世界」ということを念頭におき、世界的に行動している。世界的規準でものを考え、判断する。もっともなあ、世界といったって、ほんとは幻想なんだな。わかったつもりでいて、何もわからないんだ。儂の例でいうとね、たとえばイギリスといったら、たちどころに英国という国柄が浮かびあがる。ところが、実際に行ってみると、頭で理解していた国と、かなり違うんだな。

イギリスで驚いたのは、「お三時」というやつだ。午後三時になるとお茶をのむ時間だというので、極端な例が、走っている自動車まで大方とまってしまう。たまたま仲のいい人に案内してもらっていて、三時になったのだ。すると三時だといって、車を停める。三時が何だ、というと、お茶をのむ時間だという。ちょうどお茶をのむ家があって、入ってみると、客がいっぱいなんだ。それはそうだろう。表を

通っていたのが、みんな一斉に入ってくるんだからな。バカなことをやるもんだと思っていると、日本人の彼いわく、

「日本でも、女房を質においてもなんとかかっていうだろう」

ときた。イギリスの三時が、まさにそれだというんだ。おかしなことだな。その習慣ひとつとっていえば、イギリスというのは変梃《へんてこ》な国だ。その変梃さは、いくら地図を睨んでいたってわかりっこない。

それはとにかく、幻想にしろ何にしろ、われわれは世界的に生きている。世界のことがわかったつもりでいる。それが、世界のいまどこかで、息をひきとろうという人がいるというたしかな事実がわかっていない。その誰かが、いつか、確実に自分に回ってくる。いつか、といった悠長なものではない。いまかも知れないんだ。

きみは若いから無事な顔をしているけれども、本当言ったら、儂ときみと、どちらが先やら後やらわからないのだ、生命ということは。だから、いつでも来い、という支度だけはしとかにゃいかん。いつ来るかわからない客だから、いつでも、ってことでなきゃならない。

念仏を勧めた一遍《いっぺん》上人は、
「臨命終時《りんみょうじゅうじ》すなわち平生、平生すなわち臨命終時」
と教えている。平生《へいぜい》、日常、つまり普段が臨終のとき、臨終のときが普段という心構えをさとされたのだな。その一遍上人の宗旨を「時宗《じしゅう》」という。臨命終時の「時」からきている。いいかね。まさに「時」なのだ。臨命終時などというと、まだ自分は当分余裕がありそうだ、などと思うけれども、実際はそうではない。いつ来るかわからない。もっとくだいていったら、一秒一秒が死ぬ時だということだ。はっきりいうと。われわれは、まだ時間がある、なんていっているが、一秒の積み重ねが一時間であり、一日になる。一秒をとったら一時間も一日もありゃしない。その一秒一秒が死ぬ時ということ。その覚悟で信心にはげめと、一遍上人はおしえた。

そこなんだなあ。いまの一秒も死、つぎの一秒も死、その一秒が過去のものになったとき、やっと、いまも生きていたなあ、ということになる。われわれ、好むと好まざるにかかわらず、つねに死と直面しているのだ。

まさに生死事大、この一瞬を「死」という一大事に凝結しなければならない。

もちろん、みんな「死」を忘れているわけではない。誰だって、一度や二度は身近な人の死というものに直面し、死ということを考えるだろう。ただそれが自分のものであるかどうかが問題なのであって、死を過去の人におしつけてしまったのではなんにもならない。

儂についていえば、人間の死というものを考えたのは、まだ五つ、六つの頃だったなあ。そんな幼くて嘘みたいな話だが、本当なのだ。まえにもいったように、幼くして両親《ふたおや》に死に別れたからな。ほかの子には親があるのに、自分だけない。どうして親は死んだのかと、子供心に親を恨むような気がした。人を生んでおいて死んじゃうとはけしからんと思った。そのいっぽうで、親恋しくて仕様がない。親恋しさのあまり、人が死ぬっていうことは、いったいどんなことだろうと考え込むようになった。

何度もいうが、父親が死んだのが、七歳のときだった。母親がみまかったのは、それより三年あまり前、儂は四歳だった。この間に、すでに人間の死後ということについて、子供は子供なりに考える機会があった。

儂の生まれ育ったのは、静岡県の駿河の片田舎（今の清水市の和田島）だが、その頃はイチコというのが流行《はや》っていた。巫女《みこ》なんだな。神がかりになって、口寄せをしてくれる人で、小さな箱を黒い風呂敷につつんで首にかけて来たのを憶えている。そのおばさんを姉たちが呼んだのだろう。見ているとなんかお祈りをして、そうするうちに、神がかりになって、母の霊魂を呼び出したんだ。おばさん、いや、おばさんにのりうつった母がいった。「おまえたちのような小さいものをあとに残して死んで、私も心配でならない。草葉の陰から見守っている」――と。

はぁてな、と思ったな。草葉の陰というからには、きっとお母さんは虫にでもなっているにちがいないと思案が行きついて、すぐお墓へ飛んでいった。そうしてね、お墓のまわりに生えた草を、こうやって手で分けて、根方にいるはずの虫をさがしたことがある。

また、夏の夜だった。田舎だから、暑い夜はいつまでも庭で遊ぶ。すると、周囲がパッと明るくなって、ずうーっ、と音がしたんだな。火の玉が飛んだんだ。今日でいえば隕石だろうね。それが凄い音をたてて飛んで、東から西へ流れた。西は、母親の墓のある方向なんだ。あまり気味のいいものじゃないし、事実、子供たちは恐がっていた。けれども儂は、さほど恐いとも思わずに、ああお母さんは火の玉になったんだな。人間、亡くなるとああなるのかな、とも思ったことがある。

そういう、人の「死後」に対する漠然たる思いが、ある程度、宗教的なものへ高められていったのは、父が死んでからだった。その翌《あく》る年か、八つの歳だなあ。二月十五日の涅槃会《ねはんえ》にお寺に行った。お釈迦さまのおかくれになった日だ。

その時分のお寺は、それがサービスだったろうけれど、アラレ（餅を賽の目に切ったもの）を炒《い》って黒砂糖をまぶしたようなものを作っといて、子供が行くとくれるんだよ。なに？　関西では「お釈迦さんの鼻糞」というんだって？　そりゃあ面白い。とにかく、その鼻糞にひかれて寺参りさ。友達と行って、それをもらって拝んだ。涅槃図をな。

禅宗のお寺には、かならずあの障子二枚ぐらいの掛軸がある。お釈迦さまが涅槃に入られるところをうつした図だ。それを拝んだら、なんと中央のお釈迦さまは、寝台のうえでゆったりおやすみになっている。まるで達者な人がうたた寝してるようだ。とてもこれは人間の「死」に直面した図ではない。儂はなあ、いまでも思うんだ。この偉大さは、他の宗教に比類がない。おそらく教祖の臨終のすがたを、これほど堂々たる気宇のなかで描いたものは、ほかにあるまい。宗教画としては最高だな。仏教の「深さ」は、ここにきわまり、日本人が思想的に深まりを持てたのは、やはり仏教のおかげだろう。

それだから儂はなあ、和尚さんに聞いたんだ。お釈迦さまは死んだというのに、なぜ生きているように描いてあるんだ、とね。すると和尚さんは「うーん」といってね、その和尚さんは特別な人ではなかったが、正直な人でなあ。

「お釈迦さまは、死んでもほんとうは死んだんじゃない。だから、死んだようには描かないんだ」

とこういった。

儂はもうびっくりしちゃってな。死んでも死なないとは、いったいどういうことかと、食いさがったんだよ。お釈迦さまは特別に偉い人だから死んでも死なないんだろうか、あるいは儂の父や母のように平凡に生きた人間でもそういうことが可能なのかと、しつっこくたずねた。和尚さんはただ正直なだけの人だから、それ以上は「わからない」という。

さあ、それからが大変だ。この「死んでも死なない」というのが八歳の少年の課題になった。儂は、大人をつかまえては、聞いたんだよ。もちろん、まともにとりあってはくれないわな。儂は迷うばかりだった。

そのうちに、茶摘みになった。儂の村は静岡茶の本場だ。時期になると、甲州のほうから応援の男女が大勢やってくる。人数がそろうと、村をあげての作業になる。学校も休みで、儂らのような子供は薬罐《やかん》をもって茶畑へ茶を運んだり、弁当を運んだりするんだ。茶摘みというのは、のどかな仕事でね、単調になるから、茶摘み歌なんかを唄う。聞くともなしに聞いていると、

死んでまた来るお釈迦の身なら
　死んで心が知らせたい

という。要するに、男女の情愛を表現した歌だな。儂はあんたを想うて死ぬほど

恋している、ということだ。おかしなものだね。当時の田舎の子は、八歳でちゃんと男女の機微を聞き分けているんだ。

だが、それよりも儂の用事は「死んでまた来る」のほうだから、お釈迦さまはどう来たかってわけだ。誰も知らないわな。そうしたら、そばの人が、儂を誤魔化した。「そうじゃないか」という。

「お釈迦さまは二月の十五日に死んだろう。そして、四月八日に生まれたじゃないか」

とこういうんだ。まあ、インチキだな。これには、子供だって承知しないよ。いまでも、その嘘をついた大人の顔を憶えている。八十年も経って、だよ。子供心に、大人に対する不信感を植えつけられたという点で、この人が、最初じゃなかったかな。

そんなことで、儂はその時分から「死んでも死なない」ということを課題にしていた。事あるごとにそれを考えて、話題にもしたからだろう。それが評判になって、お寺の住職がたずねてきた。小学校四年のときだった。いよいよ卒業だ。上の学校なんか行かれやしない。どうしようかと迷っていたときだ。お寺へ来い、という誘いなんだな。あんたは体が弱くてとても農業には向かない。学問が好きだから、お坊さんにならないか、という。

儂は「うーん」と思ったな。学問ができるということと、「死んでも死なない」という年来の課題が解決されるかもという点については魅力的だったけれど、肝腎の坊さんという商売がわからない。その和尚さんにはお弟子さんが一人あったんだが、すでにそのころ鎌倉へ修行に行って、お寺には、居なかった。お弟子さんは儂よりだいぶ歳が離れていたが、いってみれば同世代だから、お寺というものを理解しようとすれば、この人しか窓口がない。困っちゃって、その場は保留にしたんだ。

それでもなあ、仏縁というものはおかしなもんで、小学校時代を通じての親しい友達が一人いて、それが予言者のようなことをいった。まだ卒業したばかりの頃だったな。それがやってきて、おまえは結局お坊さんになるんじゃないか、とこう真剣にいった。和尚さんからの誘いがあったという噂を聞いてのことかどうかは、わからない。ま、それがきっかけになったようなものだ。秋になって、お寺からの話がまた出た。その話というのが、ありがたいことに、お寺の後継者探しといった向こうの都合にあわせたものではなくて、本気で儂のことを考えてくれていた。土地では有名な清見寺《せいけんじ》へ行けという。

清見寺というのは、静岡県では三保の松原とならぶ名所だ。いまは、東海道の旅も新幹線であっという間に通過してしまうから、名所もなにもあったものではないけれど、当時は一駅一駅、土地の名所をなつかしむような思いで旅をしたもので、鉄道唱歌にも「鐘の音ひびくゥ清見寺」とうたわれている。その寺なんだ。天皇陛下から皇后さま、宮さま方もお見えになるような寺で、自然、住職も偉い人で小僧が十何人もいた。和尚さんが、その清見寺へ行って儂の話をしたという。すると清見寺の方丈《ほうじょう》さんが、そういう子供なら儂がもらって育てたいといっているから坊さんにならないかという具体的な話であった。

これはあとでわかったことだが、この方丈さんも、儂と境遇が似ていたんだな。なんでも数え年で六つのときに、半年のあいだにお母さんが先に、ついでお父さんに亡くなられた。それで、お寺で育った、という人なんだ。だから、孤独の味は身にしみてわかっている。孤独の中から立ちあがって、志をたてて修行をしたというお方であった。因縁とは奇態なものでそういう方にめぐりあえて、儂は幸せしたな。

　だからといって特別に目をかけてくれるわけではない。不憫だというので、猫可愛がりにしたのでは、僧侶としての儂は駄目になっていただろう。けれども、そういう境遇の人は、何か違うんだな。厳しさのなかにも、どこか血の通いあうようなところがある。当時、六十三ぐらいだったかな。そのときはもう、妙心寺や円覚寺の管長にと希望される一流の人だったが、清見寺におられた。当時の大阪の住友財閥の鈴木馬左也氏はじめ多数の帰依者があった。それほどの人だったんだよ。

　いまでも憶えている。十月の五日だった。清見寺へ行って、お弟子になった。お寺へ行くと、すぐに子供は普段もちいる短いお経をならうんだよ。『摩訶般若波羅蜜多心経』から始まってなあ。そんなものはじき憶えてしまうんだ。儂は記憶が良くってな。とくに子供のときは早いもんだ。間もなく片づいちゃった。するとこんどは、小学校の教科書にあたるような、仏教のテキストがあった。それを習うと、はじめて「死んでも死なない」という問題が出る。

　儂は、根掘り葉掘りきいた。しかし、わからない。わからないはずだよな。お寺へ入ったといってもまだ子供だし、その「死後」に対する意識は、たとえば母親が草葉の陰で見守っているといったら、虫になっているのかと本気で考えるような年頃からなにほどにも経っていないのだから。

儂がこの課題に対して、一つの答を得たのは、翌《あく》る年の春だった。お寺に入ったのが十一歳、その翌年の四月に、白隠禅師《はくいんぜんじ》の百五十年の遠諱《おんき》があった。白隠さまといえば、臨済宗の中興ともいわれるかただ。それほどのかたが、清見寺の下寺《したでら》であった松蔭寺という、小さなお寺にいて、そこで生涯をおわられた。

その白隠禅師のおつとめがあって、儂の師匠が行って二週間の大法要をしたんだ。一週間はお授戒といって、信者たちの指導。あとの一週間は接心《せっしん》といって坐禅会があった。儂の師匠のおとうと弟子のような釈宗演《しゃくそうえん》禅師という有名なかたがいた。偉い人だった。この人が出て日本の宗教界は大いに目覚まされたというぐらいの人だ。その宗演禅師が、ここ（円覚寺）から四十人もの雲水を連れてきて、坐禅会を指導された。

そこで、白隠禅師の話をきかされた。ようく聴くと、白隠禅師も幼い時から死んいだあとがわからなくて苦労して、いろんな修行をして、最後に禅によって決定《けつじょう》して、あんなに偉くなられたという。禅師は、禅を民衆的に説いた人だからなあ。したがって、その宗教的課題も、ほんとに民衆的な、たとえば儂の幼時に疑問に思った人間の死後の問題といったようなことから出発している。禅師のお書きになったものが、わかりよいはずだわな。

そういう訳で、人間には誰にも「死んでも死なない」大生命がそなわっており、それを信じてしっかり坐禅すれば、必ずわかるんだと、こうはっきりわかった。この時の儂の嬉しかったことといったら、たとえようがなかったな。それまで見当もつかなかったのが、はっきり見当がつき、しかも、その達成の方法ばかりか、白隠という実験して成功した人をも見出したんだから。それが十二歳の時だ。それから『白隠廣録』という二冊ものを師匠にかりて、自分の机のわきに置き、日夜、親しんだ。その年譜は、漢文で書いてあるが、どうにか読んで、白隠の若い時の努力の跡を見つめながら、白隠に負けまいと誓った。

儂の、坐禅の修行は、そういうわけで「死んでも死なない」という解答があたえられるまで、というはっきりした目標ができた。

ところがなあ、話はあとさきするが、どうにかこうにか坐禅の修行をして、自分でまずまず境地を得たという時期になったころ、親の法事を田舎でつとめた。儂は三十一歳だった。すでに寺を持っていたな。そこで親戚に集まってもらって、自分の修行の経過を語ったんだ。

　すると、そこに八十歳のお年寄りがいて、年は離れているが儂のいとこに当る人なんだ。田舎ではインテリでね。その老人が儂の話を聞いて、長嘆息していった言葉が、儂にはこたえた。

「あんたが一所懸命に修行をしてくれた話をくわしく聞かしてくれて、いかに仏道が有り難いかということはわかった。けれども、さとりという体験をしないでは、本当に救われないんじゃあ、私は一生、この世ではさとりに到達することはできない。もう八十にもなって坐禅の修行をする力もないし、仏法の本当の有り難いことがわからずに死ぬかと思うとさみしい」

　と、しみじみいうのだなあ。

儂は唸ったよ。鉄棒でガーンと脳天を殴られたような気持だった。「うーん」といったまま声も出なかった。自分は一応満足していても、こんなに親しい、こんなに求めている人達に、この喜びをはっきりこうだといって頒《わか》つことのできないのは、かなしいと思ったよ。これが儂を、いよいよ修行の道にかりたてた。

のちに「仏心の信心」を提唱するようになったのは、これが機縁だった。

暗黙の了解

嘘

人間、嘘をついちゃいかん。

嘘も方便という。だが現代では、嘘も方便どころか、方便とは嘘のことであるという理解が行き渡っているのではないか。バカをいっちゃいけない。方便は純然たる仏教語で、平ったくいうと、真実の悟りや智恵に達する手段をいう。この意味で、お釈迦さまが悟りを開かれてから、こんにちに仏教というものが伝わっているというのも方便なら、お経も方便、修行も方便ということになる。お経が嘘だったら、どういうことになるのだね。

儂が、そのことで頭がいっぱいになったのは小僧時代だった。英語のリーダーで、ジョージ・ワシントンの例の物語を読んだのだよ。

驚いてはいけない。英語をやったんだ、清見寺で。まあいってみれば、塾のようなものだったな。小僧の学校だ。だから、小僧で中学の検定をとった人もいた。先生の資格をとったのもいたなあ。

日課はかなりきつかった。小僧として一通りのことをやったうえでの授業だ。特定の先生なんていない。みんな先輩が教える。先輩といえばね、いい人が居たんだよ。ほんとにいい人ばっかりだった。いい師匠にめぐり会い、いい先輩に恵まれて、儂は幸せしたなあ。

はずかしいけれど、どうだ。まだ儂は寝小便をした。というのは、それまでろくな保護を受けちゃいないんだからなあ、自然にそうなるのだ。だが師匠は叱らない。叱らないばかりか、お正月の餅のかちかちに乾いたのをとっておいてくれて、寝る前に自分の居間の火鉢でね、焼いてくれて、

「おまえ、これを食べなさい。寝る前にこれを食べると小便が遠くなる」

といって、くだすったことがある。そういうことは嬉しいものだ、もう。愛情に

飢えていたからなあ。ほんとに涙が出るほど嬉しかった。きみらもね、孤独な子供には、やさしくしてやってほしい。そのときの喜びを、いまだに八十六になって忘れないいんだから。

兄弟子は十人以上もいた。みんないい人だったが、そのうちに一人、特にやさしい人がいた。人間は平凡だったろうけど、やさしいというだけで徳なのだなあ。その頃のお寺の規則では、十五歳以下は、子供の組だ。いや、十六、七までだったかな。とにかく、子供組は、夜九時なら九時になると灯火を消して寝にゃならん。二十歳《はたち》ぐらいまでの兄弟子たちは、まだ自由な時間で、めいめいの机にランプをつけてもらって、勉強している。おそくまで起きているわけだ。僕たちは先にかたまって寝ている。

するとそのやさしい兄弟子が自分たちの寝る時間になって、そおっと起こしに来てくれるんだ。僕をオシッコに連れていってくれるのだ。いまでも忘れはしない。小さなランプをもって、御不浄へ先に立っていく。僕はまだ十一歳だ。その兄弟子の後姿を、手を合わせて拝んだよ。あるいは、そのような親切は、僕の甘えを助長さすかも知れない。しかし愛情に飢えた子には、なにより愛情をかけてやることだ。それが親切ごかしか本当の愛情かということは、なにより当の本人がいちばんよく知っている。

そういう兄弟子たちが、当時の中学程度の教科を一通り教えてくれる。英語のリーダーもⅡぐらいまで習ったかなあ。外国の修身のいいのがある。なかでも、ジョージ・ワシントンがチェリー・トゥリーを切ったという話は、儂を奮い立たせた。父親に正直に詫びて出たという話だ。非常に勇気づけられた。嘘はつかないということになあ。そうだ、と思った。この師匠や兄弟子たちの恩に酬いるには、自分を正しく持さなければならない。それにはなによりもまず嘘をつかないということだとひそかに決意した。

これはね、やはり師匠の偉さだな。小僧たちに型どおりの禅僧生活を叩き込むだけではなしに、広く知識を求めさせたんだ。そのために『中学世界』とか『少年世界』という雑誌をとっていてくれた。東京の博文館から出ている。大人は『太陽』だ。この『中学世界』を読んで、儂は大いに啓発された。

大町桂月という人がいた。当時の代表的な評論家だ。評論家といっても、いまのようになんでもかんでも一言いってくる評論家とはちがって、ま、いわば指導的な人だったな。それが短い論文を書いている。たしか、毎号、巻頭を飾っていたはずだ。それが我々にはとっても刺激になった。その大町桂月の影響を受けていたんだな。英語のリーダーでジョージ・ワシントンの話を読んではっとしたのはそのためなんだ。

それと、中江藤樹だった。やっぱり博文館から出ていた歴史物語をとり扱った本に、いろんな人の伝記が出ていた。お釈迦さま、クリスト、孔子といったものから、日本の偉人まで。その中に中江藤樹先生の話があった。近江聖人といわれるこの人の言葉を読んで感銘した。「上、天子より下、庶人に至るまで、おのおの身を修むるをもってもととなす」という意味の言葉に酔って、急に天地がひらけたような昂然たる気になったものだ。

中江藤樹は、道徳は実践されにゃ駄目だということを唱えたんだ。江戸前期の儒学者で、はじめ朱子学を奉じていたが、のちに王陽明に傾倒して陽明学の始祖といわれるようになったこの人は、事実、学問だけの人ではなかったんだなあ。たとえば、親孝行ということだ。お母さんに孝養をつくしたいというので、仕えていた大洲藩に引退を申し入れたが、受け入れられずに脱藩して郷里の近江へ帰っている。有名な熊沢蕃山が、入門を願いに行ったら、二晩も庭詰めを食わされたというだろう。ああいうのは、まったく禅宗の雰囲気だ。これにはまったく魅せられてしまった。

だから、嘘をついてはいけない。悪いことをしないようにと、ジョージ・ワシントンと藤樹先生のことばかり考えていた時期があった。

その頃、同い年の子供が三人いたんだよ。僕と、ねえ。三人が一つのグループになるのは自然だ。そのうちの一人が東京のいい中学へ行っていて、やめて来た奴だ。頭はいいし、気の利いた奴だったよ。作文書いてもうまいし、さしづめ僕のライバルだった。三人仲ってのはむつかしいもので、いつかどっちか二人になる。

そのうちに、こういうことが起こった。

秋だった。ある日、師匠が畑を見回ってきて、風で落ちたネーブルを五つ六つ拾ってきた。その時分にね、そういうハイカラな外国種のみかんを植えていたんだ。師匠の拾ってきたのは、少しいたみかけていたかな。お勝手の板の間に置いて行かれた。三人がそれを見て、食べようじゃないか、ということになったんだ。どうせ腐りかけているんだし、ここへ置いたのも儂らに食べよということじゃないかというんで、うっかり食べちゃった。

　ところが、師匠があとから出てきて、儂がここへ置いたみかん、どうしたろう、とこう仰《おっしゃ》ったんだ。さあしまった。が、「私です」といえないんだ。三人とも、ねえ。さあ困っちゃって、黙ぁってしまった。師匠は、こいつらが食ったに違いないと思ったはずだけど、子供だから些細なことは追及しないんだな。黙って帰っちゃった。

　さあ、それが私にはどーんと来た。ああお師匠さんに嘘ついた、とねえ。なぜあのとき「私です」と正直にいわなかったのかと、こんなに苦しんだことはなかったなあ。それからは、人に言えないようなことはしないように、儂は頑張った。ジョージ・ワシントンの嘘はつかないという話と、藤樹先生の、道徳は実践しなきゃ駄目だという教えが身にしみてわかった。

その後だった。

有栖川の宮さまがおいでになった。そのとき、宮さまの料理番が御馳走をたくさんつくって、小僧たちにふるまってくだすった。お寺になまぐさは妙な話だが、鹿の肉をうまぁく煮たのを、大きな容れ物にいっぱい頂戴した。お昼にみんなで食べて、残りを戸棚に入れておいた。その戸棚が儂らの勉強している部屋だから悪いんだなあ。三時頃になったら仲間の二人が、

「おい、あいつを食おうじゃないか」

という。儂は困った。またか、と思った。また嘘をつかねばならぬ。その苦しみを想像すると、目の前の美食にとても手が出なかった。儂は賛成しなかった。面白いものだ、三人いて一人が黙ると、残る二人もやれないんだな。なんだか友情を裏切るようで辛かったけれども、儂は頑張って黙っていた。とうとう二人とも諦めた。

しかしそのあとが大変だ。儂が近江聖人を尊敬するあまり、その本をつねに机の抽出しに入れていることを知っているものだから、以来、儂を「セイジン」と呼ぶんだ。「おいセイジン」とこうだ。聖人の本なんか読んで我々とは別だと威張るな、

という意味なんだろうな。棘《とげ》のある言葉だった。幼い身にはその苛《いじ》めはこたえたが、それが、またずいぶん儂の試練になった。

それからも、つまみ食いなんかずいぶん多かったし、半ば大ぴらだったが、儂は仲間に加わらなかった。だから仲間外れされているのはわかっていたが、それでいいのだと妙に開き直ったところがあったねえ。

話はむしかえすようだが、儂が清見寺へ入った翌年の春、白隠さんの百五十年の遠諱がつとまったとき、凄い兄弟子に会った。儂が十二歳、相手は十も十一も上だったろうか、鎌倉から来た堂々たる雲水だった。たまたまちょうどいまのきみと儂のように向かい合って坐っていた。儂は小僧だからちょこんとしていた。すると相手は、

「私が伊藤宗真であります」

といって、きちんと正坐し、両手をついてきわめて丁重に十二の儂にお辞儀をしたんだ。儂は魂消《たまげ》たぜ、ほんとに。初めて人間に拝まれたような気がして、儂は驚いた。驚くとともに、こんな堂々たる雲水から対等に扱われるのは、ともに仏弟子

という暗黙の了解にほかならない。この暗黙に通じあう世界を裏切ってはいけないと思った。拝まれた自分を汚してはならない。それにはせめて嘘をつかない自分でいることだ。

余談になるが、この人、ここの僧堂（円覚寺）に長くいられたから、再々交渉があった。教えを受ける機会が多かった。儂は師匠についでこの兄弟子を尊敬していた。なかでも漢詩と和歌だ。いま、儂が下手な詩でもつくれるのは、この人のおかげだといえる。若いのに詩文に長《た》けた人だった。儂は詩想が浮かぶと、平仄《ひょうそく》をならべてこの人のもとへ送って直していただいた。いまでも下手くそだが、なんとか形になっているのは、この人の指導のおかげだな。しかし、短命だったなあ。この人、清見寺の住職してて三年目に三十九歳で早世した。

うん。その後だったなあ。白隠さんの遠諱の翌年だ。儂は粗相をして、寺の大鍋を破ってしまったんだ。清見寺ほどの大寺《おおでら》になるとね、賄《まかな》いが大きいから鍋や釜も大きい。こんな、一抱えもある鍋で汁を炊くんだよ。雑炊も炊く。いろんなものを炊くんだ。それを十三歳でもって、炊事当番をやらされた。

炊いた御飯は釜に入れたままではへっつい（かまど）からおろせないよ、子供には。そこでね、竈《かまど》の上へあがってこう持ちあげて釜をそこへそおっと置いて、一旦下へ飛び降りて胸を釜に当てて抱きあげる要領でないとおろせない。

ある朝、儂が当番だった。汁を食べたあとの鍋を流しへ持っていって置いた。置いたといっても、腕に力がないから、やっともっていって、どかんと置いたのだろうな。すると、パクンと破れちゃった。鍋が真ッ二つに割れたんだ。いまのような薄い鍋は破れやせんけど、昔は鉄鍋だ。鍋にヒビが入ると鋳掛《いか》けといって、鋳掛け屋に修繕させるのだが、しまいには鋳掛けたとこばかり多くなってくる。それだからはずみでパックリと二つに破れたんだ。

さあしまったと思った。咄嗟《とっさ》にひらめいたのは、恥ずかしい話だがやはり友達が粗相をしたときのことだ。時々、皿や擂鉢《すりばち》を割ったのを見ている。すると、黙って流しの下へおし込んでおくのだ。儂は、はっきりおぼえているが、このとき、儂もあわよくば誤魔化しそうな気がしたんだな。しかし、相手は大鍋だろう。これはどうにもならない。仕様がないという気を、自分で叱りつけたものだ。大鍋だからというのではなく、たとい小皿一枚でも、ここは誤魔化してはいけないと。

すぐその足で、よごれた手を前掛けで拭き拭き、まだ師匠がお経を誦《よ》んでいた室へ飛んでいったよ、変な格好をしたまんま。ぐずぐずして決心が鈍っちゃいかんと思った。次の間で、手をついて、

「鍋をこわしました、ごめんなさい」

とあやまった。

「何?」

とお経をやめて、師匠は何度も問い直したな。やっと鍋を破って詫びに来ているということがわかって、

「うん、そうか」

それだけだ。別に怒りもしない。儂はいささか拍子抜けしたけれども、よかったと思ったのは事実だ。

そうだろう。失敗したときは、さっさと謝ってしまえばいい。叱られるなら早く叱ってもらったほうがいい。いつまでも延ばし延ばししていると、その分だけ苦し

まなきゃならん。道理でいえば、簡単なものだ。その簡単なことが、人間、容易でない。それを教えてくれたんだな、ジョージ・ワシントンと中江藤樹は。

話は飛ぶが、儂は一九五四年（昭和二十九年）にアメリカ政府の招聘《しょうへい》で、アメリカを回って禅を説く機会を得た。主な都市では、ワシントン、ニューヨーク、ボストン、プリンストン、シカゴ、ロスアンゼルスといったところだが、はじめての土地なのに、変になつかしい思いのしたのはサンフランシスコだった。

儂が十四か五の頃だ。たしか一九〇六年（明治三十九年）だったと思うから、その年代だ。サンフランシスコに大震災があった。大変な被害だった。それを儂は新聞で読んだ。ジョージ・ワシントンの話が頭に浮かんだ。この小さな儂に、嘘はつかないという、きわめて簡明で困難なことを教えてくれた恩人のことさね。アメリカはこの人を初代大統領にいただいて出発した国だろう。他人事のようには思えなかった。

その時、儂は二円五十銭の郵便貯金があった。それを、師匠に黙ぁって一円を下げてきて義捐《ぎえん》金にした。義捐金のことは新聞にでかでか載せて募集していた。お金を町役場へ持っていきさえすれば受け付けてくれるということだった。ところが、田舎では出し手がなかったんだろうな。儂が窓口に金をさしだしてそのことを告げると、珍しがって「何だ何だ」といって、大勢が集まってきた。儂は真ッ赤になったよ。田舎の子供だ。大人にとり囲まれて騒がれると、困るのだ。

だけど、ともかく手続きをしておいた。それで済んだと思っていた。

ところが、半年もして露見した。師匠が「来い」という。行くと師匠の手許に、こんな大きな封筒がある。なんと県知事から儂あてに来ている感謝状だ。師匠はそれを開けて、すべてを知ったのだなあ。昔は、弟子への親書を師匠が開いたって何でもなかった。平気で開けたんだよ。開けてみたところが、知事から、サンフランシスコの震災に対して寄付していただいてありがとうという書面だ。米国大統領からもよろしくというメッセージが入っていた。そこで師匠は、

「おまえ、こんなことをしたのか」

という。さあ、黙ってしまった。嘘はつかないと決めたはずの儂が黙ってしまっ

たのは、それなりの理由がある。

儂の二円五十銭の貯金というのは、有栖川の宮さまがご滞在のときに頂戴したものだった。二円五十銭というのはね、当時の貴族社会のお金の数えかたで、絹百疋の価に当る。一疋が二銭五厘だからちょうど百疋だ。それを師匠からいただいて貯金しておいたのだが、その中から一円というのは、ま、半分だな。五十疋だ。その大事なお金を師匠に無断で下げたのを叱られるかと思った。儂が黙ったのは、それだ。小さくなっていた。しかし、師匠は叱らなかった。叱らないだけでなく、いいことをしたと褒めもしなかった。そこが師匠の偉さだ。

師匠の偉さといえば、その後、三陸に大津波があって、岩手、青森、宮城の海岸地帯に大変な被害が出た。そのときにね、師匠が義捐金や見舞品を送るといって、弟子たちに呼びかけてくだすって皆していろいろ送った。師匠は、いいことをした、と口では褒めなかったが、弟子のいいことは、ちゃんと取り入れてくれたんだな。儂は嬉しかったよ。

サンフランシスコ震災の義捐金について、儂をそうさせた理由はもう一つある。

大町桂月先生だ。『中学世界』にこういう論文があった。人間は金銭を粗末にしてはいけない。けれども、貯めるのは有用のときに費《つか》うためであって、ただ貯めることに熱中して使うことを知らないのは、守銭奴だ――。その言葉が身にしみていた。有栖川の宮さまから頂戴した二円五十銭を貯金したときから、儂はこの「費《つか》う」ということを考えていたのだ。だから、勇気をもってやれたのだよ。

それから半世紀たって、儂は初めてサンフランシスコの地を踏んだ。復興して五十年も経つと、市街も古めかしく見えるものだ。ああ、それだけの歳月が流れたのだなと、感無量だったよ。

突然〝柝〟が鳴った

修行

儂はなあ、若い頃から体が弱かった。お寺へ入ってから時折り寝小便をしたというのもそのせいだな。始終腹がくだるし、頭は痛むし、微熱でもあったんだろうな。雲水時代でも、仲間や周囲の人から、あれは結核ではないかといわれた。顔が青白くてひょろひょろしていて、徴兵検査は第二乙種だった。

こんな体で満足な兵隊になれる訳はないよな。だからみんな、儂をてっきり肺病ないし肺病になる体質だと信じて疑わなかったらしい。儂の前では「若死に」の話題を出さなかった。みんなが意識して避けていることを、儂は知っていた。それぐらい弱かったよ。

それだけが苦だった。

ほかでもない。若死にするかも知れないという怖れは、誰よりも儂自身がいちばんよく知っていた。小僧の頃からだ。恐かった。その恐怖も漠然たる死への怖れではなく、いま死んじゃ駄目だという切迫感を伴ったものだった。儂はお寺に入ったおかげで「死んでも死なない」という幼年期からの課題に挑戦した。それは禅をすればわかる、という。禅さえすれば、だ。

なんと儂はいまその禅の殿堂にいる。ところが、その禅ができない。できない仕組になっている。他のお寺の人や、居士といって在家の人まで大勢、坐りに来るのだよ。それなのに小僧の儂たちは坐れない。そういうきまりなのだ。二十歳になるまで雲水に出してくれないのだ。雲水にならなければ、本格的な修行はできない。それまでは予備教育だ。これはこれでいいことなんだ。予備教育をみっちりやっておくことは、必要なのだ。坊さんに必要な学科を習い、実際にお経を誦んだり、儀式を学んだりすることは、たいせつなのだ。

だが、儂にとっては、二十歳というのは気の遠くなるような時間に思えた。せっかく、禅をすれば死んでも死なないということがわかるというのに、二十歳まで待て、ではたまらない。こちらの命が待てるかどうか。そのまえに死んだら、なんのために仏門に入ったのか、わからない。儂は口惜《くや》しくて、涙が出た。

十六歳の秋だった。儂はついに我慢ができなくなって、師匠に直訴した。師匠が一人でおいでのところへ行って、正直にいったんだ。私は短命かも知れない。それまでになんとか生死の問題を解決しておきたいのだが、まだあと四年ある。「その間に命終してしまえば、せっかくの仏縁も無駄になってしまいます。このままでは、じっとしておれません。なんとか修行を許して下さい」と。

こんなことにも勇気が要ることだった。十人も居る先輩をおしのけて先に修行させてほしいと直訴するのは、本当いって、生意気な奴だと周囲から反発を食うに決まっている。だが、そんなことにかかわってはいられなかった。こっちは、切実な問題だからな。その切実さが通じたのだろう。師匠は黙って聞いていて、ちゃんとわかって、

「おまえがその気なら、許してやる」

という。儂は嬉しかった。天にも昇る気持とは、このことだろう。そのかわり、そうなると生活が変るのだ。いままでみたいな甘ったれた生活をしてはいられない。冬でも足袋を履かず、座蒲団も敷かぬように、師匠の前では万事そういう姿勢をとらにゃならん。

といっても、正式に雲水になったわけではないから、小僧には変りない。小僧としてのつとめは一通りやらねばならない。坐るのは夜、お寺の仕事を終えてからなんだ。儂はそれまでに、高僧がたの伝記を読み、坐禅の心得もわかっていたから、夜になると、本堂の片隅へ行って坐る。ちょうど秋から冬にかけて、日ましに寒さが加わる頃だ。儂は、白隠禅師が若い頃、線香を立てて八本が絶えるまで坐禅したという話を伝記で読んでいたので、その故事にならって線香八本と決めた。一本が半時間とちょっとだから、かれこれ五時間近くになる。

しかし、ひとくちに坐るといっても、なかなかやれるものではない。一人で坐っているんだろ。要領はわかっているつもりでも、なかなか急所が手に入らない。いまから思えば、時間との我慢くらべみたいなものだった。とにかく、寒いなかをただ猛烈に坐っているだけだった。

そのうちに年が改まり、一月の下旬だった。いつものように夜おそくまで坐っていて、線香八本で立とうとしたらば、立てないのだ。左の手と足が氷のようになってしまった。右は普通、左半身だけ変になっている。あまり無茶苦茶に寒いなかで坐ったからだろう。そう思って這うようにして自室に帰ったが、翌る朝なおひどくなっている。仕方なしに師匠に申し上げたら、医者へ行けという。そこで得た診断の結果は、脳神経衰弱というんだ。つまり神経系の病なんだな。神経がやられちゃったんだよ。うまくしたものだ。長い禅の歴史と経験から、二十歳にならなきゃ雲水に出さないというのは、そういう教訓を踏まえていたのだなあ。

しかし、儂は降参しなかった。そんなことで志を曲げたんじゃ、なんのために先輩をおしのけてまで、特に坐らせてもらっているかわからない。儂としては二十歳まで待てないのだ。その辺の呼吸は、さすが師匠だな。ちゃんと心得ておられた。儂に向かって、言葉に出して禅を休めとはいわないのだ。そのかわり、休まざるを得ないようにしてくだすった。しばらく旅行の供をせよ、という。師匠の命令だからな。儂は従うほかはない。京都へ行ったり、東京へついて行ったり、そうだ熱海へも行ったなあ。そのうちに、やっぱり若い体だな。じきにもとのように回復していった。再び坐れるという自信がつき、それからまたお寺の仕事が終ってから線香八本の日常だ。

そうこうしておるところへ、例の兄弟子が帰って来た。儂が、一回で参っちゃって以来、尊敬している伊藤宗真先輩だ。儂が特に許されて、暇さえあれば坐禅しているのには驚いたらしい。驚いて、なんとかしてやりたいと思ったのだろう。ある日、こっそり儂にいう。

「おまえがそれほど坐禅がしたいならば、どこへでも修行に行くがいい。こころざすところへやってやろう」

と、こうだ。儂はびっくりして、

「老師が許すでしょうか」

と問い返すと、

「それは自分から申しあげてやろう」

という。十六歳から特に許されて坐らせてもらっているのに、そのうえ雲水として本格的に修行に出られるなんて、夢みたいな話だよ。儂は半信半疑でいた。するとどうだ。この兄弟子は笑って、

「おまえのような石地蔵みたいに時間さえありゃあ坐っとる奴は、うちに居ても使いにくいから、ひと思いに僧堂へ行っちまえ」

言葉は乱暴だが、その本心は儂をふびんに思って、早く専門道場へ行ってしっかりやれと励まされたのだ。儂は、本当に心の中で手を合わせて拝んだよ。

それだけ言うからには、兄弟子には自信があったのだろう。あるいは、すでにもう師匠の暗黙の了解があったのか、師匠も意外にあっさり、許された。

忘れもしない。明治四十二年の三月だった。儂は十八歳。さきにもいったように、二十歳にならなければ雲水になれないことになっている。それを師匠は、十八歳の儂に、どこへ行きたいか、と問う。儂は即座に「妙心僧堂」と答えた。京都の妙心寺だ。師匠が修行を終えられた僧堂だ。考えてみると、儂は欲が深かったのだな。

妙心寺僧堂が、単に禅風が厳しいというだけでなく、その年、妙心開山の五百五十年遠諱があり、大勢の雲水や有名な老師がたが集まられることを知っていた。こういう機会はめったにないのだ。師匠も快諾してくだすった。

儂は、天下晴れて雲水になった。庭詰《にわづ》めも旦過詰《たんがづ》めも苦にならなかった。儂は、ひたすら待った。覚悟はしていたんだ。二つも歳を飛び越えての挂錫《けいしゃく》だろ。手厳しくやられるものと思っていた。入門を許されるまで何日かかったかは、ほとんど記憶にない。おそらく普通だったのだろう。ともかく無事、大衆の一員に加えてもらった。そこにもいい先輩がおり、いい友達が居た。

遠諱は四月からだった。この大法会《だいほうえ》に、儂の師匠も円覚寺の釈宗演老師もおいでになった。雲水が五百人も集まる法会だからな、全国の臨済宗の宗匠《しゅうしょう》がたはほとんど来られた。宗演老師が特別講師として「わが宗の安心《あんじん》」という題で講演され、諸宗匠がたはそれぞれ独参を聞かれて、日夜、雲水を指導されていた。まったく充実した法会だったな。

このときの宗演老師の講演について、いつまでも心の底に残っている記憶がある。

南禅管長の豊田毒湛老師の話だ。この人、本来ならばその法会の主役をつとめるべき立場にあったが、それを、先輩に当る梅林寺の東海猷禅老師にゆずっておられた。それほどの人が、宗演老師の講演を聞いたあと、

「これこそ、何百遍も生まれ替り、死に替って、ご修行をなすったかたであろう」

といわれたというのだ。すぐれたかたがたの心掛けの尊さに触れて、身のひきしまる思いだったなあ。

耳に痛い記憶もある。宗演老師のお弟子の佐藤禅忠さんが、ふと洩らされた言葉だ。この人、妙心僧堂では儂の一年先輩だが、年は八ツ上で、二十五歳で出家した道心堅固な、また非常に後輩に親切な人で、儂も心から尊敬していた。それだけに身にしみたな。禅忠さんはいう。

「おやじ（宗演老師）は、お前のことを、清見寺の小僧は妙心僧堂をひとりで背負って立っているような顔をしているなあ、と言っておられたぞ」

この大法会に、儂は尊侍《そんじ》に任命されていた。つまり、えらい人のお世話をする係だ。それでお目にとまったのだろうが、儂はまだ無眼子《むがんす》だ。悟りのひとかけらもわ

からないものであるのに、そんなに生意気そうに見えたのであろうかと、恥ずかしくて背中に冷汗が出たことだった。

法会が終った。いよいよ僧堂の本格的な修行期間の雨安居《うあんご》が来た。僧堂の師家は池上湘山老師で、行持綿密なかただった。先輩には植木義雄、平元徳宗、宮田東珉などのお歴々がおり、道友としては佐藤禅忠、伝泰観その他、いずれも儂よりすこし年長で、しっかりした人がおられ、その点、まことに感謝すべきであったが、儂の修行がすすまない。僧堂にさえ入れば、と気負っていたようにはいかない。日夜、懊悩の連続だった。

というのは、儂にとってはひそかに師とし、模範としている白隠禅師という大きな目標がある。禅師の経験されたような痛快な心境の体験ができないのだ。それも要するに自分の坐禅修行の真剣さが足らないためと自らを責め、どんなに苦しんでも自分が満足するまで徹底してやるほかはない。禅堂での打坐はいうまでもなく、時間外の深夜、堂外で坐る夜坐《やざ》も怠らず、ただもうひたすら坐ったものだった。そういう私を、きびしくはげましてくれた禅忠兄の道情は、いまだに昨日のことのようにおぼえている。

剃髪や入浴、内外の清掃日である四、九日など、禅堂のさわがしい日は、山内の懇意な寺の本堂の隅を借りて坐ったし、あるいは太秦《うずまさ》の森へ行って独坐したり、儂は儂なりに夢中だった。それでもついに初関を透るまで、坐りはじめた十六歳から数えて足かけ五年もかかったんだよ。僧堂に入ってからも、臘八大接心《ろうはつだいせっしん》という大変な難関が、毎年十二月にあるんだ。七日間、不眠不臥で坐るんだが、それをねえ、二つまでできないままで経過したんだ。

えッ？　見性の内容、それはむつかしいよ、きみ。

そうそう、西田天香さんという人がいた。一燈園という宗教団体とも新しい村づくりともいえる運動を提唱して、実際に多くの共鳴者を集めた人なのだが、要するに下坐行《げざぎょう》と無所有ということを唱えてなあ。この人がやっぱり、見性のような体験があるらしい。村の鎮守さんで坐っていたんだな。夜明け方になって、鶏鳴を聴き、ついで赤ン坊の泣き声を聴いたそうだよ。ああ、あの赤ン坊はお乳が欲しいと泣いているんだと思ったとき、はっとしたというんだな。赤ン坊は空腹になれば泣く。

すると、赤ン坊にふくませるだけの乳は、お母さんの胸の中で張っている。

みんな赤ン坊になればいいではないか。空腹になれば泣き、満腹すれば泣きやむ。本来、人間という生きものはそうであるべきなのに、満腹したうえにとりこもうとするから、世の中、争いが起こる。それが諸悪の根元だ、とね。儂はこの話を聞いて、いや本で読んだのかな、ともかく感じたよ。うーんと唸った。儂の場合、そんな筋書立ったものではなかったからな。

強いて、ひとことでいうならば、祖師がたのおっしゃるとおりだった、というきわめて平凡な結論にしか過ぎない。つまり儂は、それまで儂にとらわれていた。儂しか見えなかった。それが、儂をいやおうなしにとりまいていてくださる仏心《ぶっしん》というものを見たのだ。それは、自分を無にして、はじめて見えたのだな。自分が空しうなったのだな。真空状態になって、自分を包んでいる「光」がわかったのだ。

五月だったなあ。

儂はその頃、夕方の坐禅がもっとも純一になれることを経験上わかっていたから、その日もその時間に坐っていると、経行《きんひん》といって禅堂の中を行道する合図の「柝《たく》」

が鳴ったのだ。突然、鳴ったのだな。突然というと、すでに無字三昧だったのだろうか。胸の中はからっぽだったのだ。もっとも充実したから、からっぽだったのだな。

このことは『仏心』にも書いた。仏心が、胸にひびいたのだ。「柝」の音がそれだった。自分がそこに坐っていようといまいと、柝は鳴ったであろうと。それがひびいたのだ。まさに仏心とは、それだ、というと理屈っぽくなるな。そんな理屈ではない。

無始無終という。始めがあって終りがあるというのは、われわれの世界だ。坐り始めて坐り終ったという、自分の行為にとらわれると、そうなる。ところが、儂が坐ろうが坐るまいが、柝は鳴るのだな。儂にとっては、柝が鳴ったという、ただそれだけのことだった。儂は、独参の喚鐘が鳴ると、ほとんど地に足がつかない有り様で、湘山老師のもとへ馳けつけた。

「できました」

と言った。本当は、柝の音をたしかに聴きました、といったほうがいいだろう。それから老師との間でいくつかの見処《けんじょ》と拶処《さっしょ》のやりとりがあったが、それはどうでもいい。とにかく儂にとっては「死んでも死なぬ」ということなんだなあ。

無始無終というのは、儂にとらわれていたのでは永久にわかりっこない。儂には生まれたという始めがあり、死という終りがある。その儂が死んでも、天地はいきいきと生きているだろう。山川草木、すべて自然のままに在るだろう。それが「仏心」なんだなあ。仏心とは、それらすべてのものを包んだもの、その中に我は生き、我は死ぬが、一体なるがゆえに生をも超え、死をも超えることができる。儂はその中に生きていたんではなくて、すべての中に儂がいたのだ。すべてのものが儂であり、そういう儂がすべてのものだった。

人間精神の本来の自由獲得とは、これだな。目の前のものごとにいっさいとらわれないで、ひろやかな仏心に生きる――人は本来、そうであったのだ。儂が最初の見性でその真実にめざめようとめざめまいと、本来そうなのだ。いわく言い難しだなあ。まったく祖師がたの申されたとおりだったのだ。

儂はこうして初関を透った。だけど油断しちゃならない。そのままでは、うっかりすると死禅になり野狐《やこ》禅になる。なお年月をかけて坐り、公案を調べて修行して、境界をみがかねばならない。それで、だ。また儂にはいろんな問題があって、僧堂を出て思いっきり坐ってみたいという思いに駆り立てられて、ちょうど師匠の真浄老師が亡くなられたこともあったけど、二十五歳のとき、飛騨の山奥へ入ることにした。親友と二人で。曹洞宗の人だった。

乗鞍岳だ。ひどいところだ。朝日村の青谷というところから三里半もはなれている山奥に植林の下刈りのためにこしらえた粗末な小屋があった。雷が、下で鳴るんだ。そういうところで四月から八月まで百十日間、儂たちは励ましあって坐った。

食べものもひどかったなあ。ヒエと米を半分ずつ混ぜたお粥なんだ。友達と二人で小さな鍋を持っていって、小型の湯呑み一杯ずつ二杯を炊くと、お椀で二杯半ずつぐらいのお粥になる。それを午前と午後の二回、九時半頃と三時半頃に食べて、また坐るんだ。

副食物は山菜だなあ。蕗《ふき》、蕨《わらび》……おかしいんだ。あんな山奥に山葵《わさび》があったなあ。まま、いちばん食えたのは蕨だった。春から夏まで、ずっとある。そういうものを食べていたから、山を下りたときは、すっかりアバラ骨が出ちゃってる。完全な栄養失調だ。元来、虚弱体質だった儂には、よく耐えられたものだと思う。あるいは衰弱死するかも知れない。けれども、儂は平気だった。

それはそうだろう。「死んでも死なぬ」という、儂の公案にひとまず答を出しているんだもの。正式に雲水に出してもらえる二十歳まで命が保つかどうかと思っていた儂が、まだ五年も生きて、しかも、仏心と一体にある自分が、なお修行できるんだもの。これに過ぎたる幸せはないわなあ。

自由きわまりない禅世界

仏心の信心

禅は本来、誰にでもわかるものでなければならない。

もちろん、わかるといっても「理解」と同義ではない。アタマで、わかったというものではない。禅は、お釈迦さまの悟りの世界を体験的に知る宗教であり、その体験が深ければ深いほど、あるいは鋭ければ鋭いほど覚者（仏）の境地に近づいてゆくのであって、だからこそ、禅者には実参実究がこの上もなく尊いものとされる。

だからといって、心得違いをしてもらっては困るのだなあ。

なるほど、実参実究の果てに得た世界は尊い。自由といえばこれほど自由の境もなく、また余人の容喙《ようかい》し得ないところに絶対性がある。まったく修行者独自のものであり、直接的であり、超意識・超論理ともいえる。だからこそ間違ってもらっては困るのだ。

たとえば、これを大安心《だいあんじん》といっていい。そうだ。永遠の生命といってもよかろう。永遠の生命と己が一体になった境地だ。儂らの生命には限りがある。「諸行無常」さ。生まれた時から、死は約束されている。滅びるからこそ、いま生きている。

お釈迦さまは、この問題の解決のために王位を捨て、家庭を捨て、苦行して、自分の中の妄想や執着とたたかわれた。そしてみずから「仏陀」となったと宣言された。限りあるこの身をかかえながら、不滅の生命と一つになられたのだ。不滅の生命とは「仏」だなあ。わかりやすくいえば、阿弥陀仏は「寿命無量」という。時間的には永遠の生命があり、空間的には「光明無量」といって、無限の智恵があると説かれる。その仏の生命と智恵に生きていた自分を悟られたのだ。

いいか。お釈迦さまがこしらえられた世界ではないのだ。本来、無量の命と智恵の存在たる仏に目ざめられたのだ。だからお釈迦さまを「覚者」という。仏陀（Buddha）というのは古代インド語で、漢字に直せば覚者だ。目ざめた人なのだ。

それが釈迦牟尼仏なのだ。

その釈迦牟尼仏の悟りに、われわれは体験的に近づこうとする。それが禅だ。

うん、そうだ。フランクリンが電気を発見した、あれだ。彼が電気というものを知るまで電気がなかったわけではない。知らなかっただけなのだ。ところが、われわれが体験して、修行して見性を得て、永遠の生命というものに出会うと、まるで自分がはじめてそれを手にしたような気になる。なかったものを掴んだように思う。無理もない。大愉悦だからな。それまでの求道が苦しければ苦しいほど喜びは大きい。

儂の体験でいっても、そうだった。しかも、絶対境だから、いわく言い難しだ。儂の初関をいえといわれれば、いまでもいわく言い難しなんだよ。自己が自己を究めたんだからなあ。だから、儂はそれでいいと思っていた。それでいい、というより、そういう自己を高めることで精一杯だわな。

ところがどうだ。そういう儂に大鉄鎚を下した人物が居た。まえにもいったが、儂のいとこで、儂が三十一歳のとき八十歳だった老人だ。儂が一寺をもち、田舎へ帰って法事の席で儂は儂なりの心境を語ったとき、この老人にぴしゃりとやられたんだよ。

いや、当人には、儂に鉗鎚《かんつい》を下すという気は毛頭ない。大真面目で、そういう儂と自分の宗教的距離に絶望しただけのことだが、儂にはこたえた。

あんたはいい、という。あんたは死んでも死なない仏道の真理に目ざめるには、禅さえすればわかるという方法を知り、実際に参禅し、禅によって仏道の真実を得た。ところが自分には、もうその道をきわめる気力もない、という。話はそれだけだ。それだけだったが、儂にとっては初関以上の驚きだった。よほど大きかったのだろうな、その驚きが。以来、儂はその老人の言葉を背負って歩くことになる。坐禅もできないものは、どうなるのか。仏の悟りから見放されているのか――。

儂は苦しんだな。その苦しみは、あるいは死んでも死なないという課題を抱いて坐禅三昧に入っているよりひどかったようだ。なぜだ、なぜだ、と自分に問うてな。そんなとき村田静照《むらたじょうしょう》という偉い人に会ったのだ。真宗の高田派の人だ。それまで儂は日本大学に学んで、禅以外の人とも接触する機会をもち、それぞれに立派な仏教者がおられることを知っていたから、抵抗なく念仏の人の門を叩くことができたのだと思う。

ともかくこの人に会って、儂は、道をきわめた人にとっては、禅も念仏もへだてのないことを知った。修行の仏教ではなく、信心の仏教から入った人なのに、一家を成している禅者でもかなわぬ境地なのだ。儂は、目のさめたような気がした。なんと「信心」というものの強さだ。正直いって修行一途に来た儂には、この信心の世界というものを軽んずる傾向があった。それが、どうだ。この和上に限っていえば、なまなかな修行より、はるかに強靱なものをもっている。

儂がのちに「仏心の信心」を提唱するようになったのは、まったくこの人の影響といってよい。この人によって信心というものの凄さを知り、それによって儂自身が修行して得たものが何であるかを知ったのだ。

その結果、儂は、

「禅は悟らなきゃわからんというのは嘘だ」

といいだしたのだ。

言葉はきついが、そうじゃないか。さっきの、フランクリンと電気の関係と同じだ。自分が悟ったから仏の真実があるんじゃない。修行しようとしまいと、悟ろうと悟らまいと、歴史的にはお釈迦さまの成道《じょうどう》以来、仏の悟りはあきらかにされているのだ。そのために仏典が成立し、その仏典によって禅や念仏や法華唱題のいろんな道筋ができてきた。修行のできないものは、自分のすすみやすい道を選べばよい。仏を信じて、成仏すればよい。

こういうと、修行のできないものを禅は拒否してしまうようようだが、そうではないのだ。むしろ、儂が拒否したのではなく、いままで拒否してきた人々さえも、禅は救えなきゃ嘘だと、儂は思ったのだ。禅にだって「信心」の道があっていいじゃないか。いやむしろ、禅にこそ、信心がなけりゃならん。信心して、仏の悟りに触れたものは、実際に修行して、その悟りに自分で近づこうとすることもできる。道は、自由だ。自由といえば、これほどの自由はないんだなあ。この点において、禅こそ、もっともすぐれた大衆仏教であり、人々を救う道だと、儂は思ったのだ。

いろんな人に会ったなあ。いい師がいて、幸せだったよ。儂が日大の宗教科に籍を置いた頃、立派な先生がたが、たくさんおられた。日大といっても夜学だよ。二部というやつだ。あれは大正八年、数えで二十八歳だった。その頃、儂は浄智寺（鎌倉）という寺に居て、こっち（円覚寺）へ通ったりここに入ったりしていた。禅の修行が一段落ついたというので、学校にやらせてもらうことになった。儂は第三回生だった。

真宗のほうでは、島地大等《しまじだいとう》、前田慧雲《まえだえうん》、それから宇井伯寿《ういはくじゅ》、矢吹慶輝《やぶきけいき》、椎尾弁匡《しいおべんきょう》といった大先生達もいたなあ。木村泰賢《きむらたいけん》先生は、ついに講義を聴かなかったが、近角常観《ちかずみじょうかん》先生のお話も聴聞した。

その時分、真宗の学生に親鸞鑽仰会があり、日蓮宗に日蓮鑽仰会があり、禅宗会というのもあった。それから、そうだ、曹洞宗の曹溪《そうけい》会もあった。そんなのが四つ五つあった。それをね、儂はそれらの幹部と会って、こんなとこではみんな連絡してやらにゃ駄目だから、一つにしようよと提案した。相談がまとまって「日本大学仏教青年会」というものになった。

そこで、島地大等先生にたのんで、仏教講話会の講師をえらんでもらったら、はじめは先生、自分で来たけれど、来られなくなったんだ。後は干潟龍祥《ひがたりゅうしょう》君が来ることになった。そうだ。のち九州大学で活躍した人だ。この人がまだ東大に残っていて、助手のようなことをしていた。儂がちょうど幹事をしていたものだから、たとえ助手でも先生だというので講師室に通してちゃんと礼遇して、送り迎えすることになった。来てみると三百人も会員が集まっているので、干潟君が驚いてねえ、「どうしてこんなに寄るのか、私も東大で仏教青年会をやっているが、こんなに寄ったことはない」

って——。たしか、（もと）総持寺貫首の岩本勝俊君もメンバーだったはずだ。そのほかの主だった顔ぶれはほとんど亡くなってしまったなあ。

そうこうしているうちに、例の事件だ。八十歳のいとこが、禅では修行しなければ救われないのかと、儂に重大な公案をたたきつけた。儂が、村田静照和上を訪ねる気になったのは、大学で禅以外の先生がたの話を聴き、とりわけ門徒宗（浄土真宗）には興味をもっていた。島地大等先生や近角常観先生の影響だろうな。修行しなくても救われるといえば、門徒宗しかないわなあ。

仏縁だな、まったく。妙なものだぜ。かねてから高名を聞いていた村田和上の次男が、なんと儂の寺の浄智寺へ来ていたんだ。そこから、慶応義塾へ通っていた。もちろん、この息子さんの話でなしに、あちこちで聞くうちに、村田和上は途方もなく大きい人物らしいということがわかってきた。つまり「本物」なんだなあ。

事実その通りで、ほんとうにそれはもう生や死を超えたとはこのことだ、と思うような人だった。恥ずかしいけれども、われわれさえあんな生活を一日もしたことがないほど世間を捨ててしまってる。その人にぜひ会いたいと思っていたら、向こうのほうから御縁をつくってくれた。

村田和上はなあ、門徒のお寺の跡とりだった。それがいやで……門徒宗には家庭があって、在家と同様のことが気に入らなかったらしい。せめてお釈迦さまの真似でもいいからしたいと思ったのだろう。お寺を飛び出して、天台宗真盛派へ行って坊さんになった。伊勢の津の西来寺だ。そこで修行していた。

面白い話がある。字が上手な人でなあ、土地の人が手本を書いてくれというので、書いてやると、お礼に魚を持ってくる。ところが西教寺では食べられない。そこで、

自分で料理して、人に持っていって食べてもらった。と、そう言っといて、

「夢の中じゃあ、ちょいちょい食べました」

だって。あけすけな人だった。正直な人だなあ。

しかし、門徒宗は血脈相承だから、いずれは親の跡をとらなければならない。仕方なく伊勢の一身田へ帰って、学校の先生などをしながら、父を養っていた。やがて妻帯した。ところが、自分の「安心《あんじん》」がきまらない。安心がきまらない焦りから、

「家内なんかに八ッ当りをしました。どれだけ泣かせたか」

という。

そのうちに、七里恒順《しちりごうじゅん》という人の噂を聞く。七里和上だ。この人も門徒宗の西本願寺の高僧で、ここ百年、これほどの人物はなかっただろうとまでいわれる。一時は、小学校の教科書にまでこの人の話題が出た。それほどの人だ。学者であり、信仰家であり、社会事業家でもあった。

村田和上は、この人に会うほかはないと思われたのだな。そこで博多の万行寺へ訪ねていって、そこの私塾みたいなところに入った。高等科、中等科、初等科とあっ

たのだが、自分は仏教の素養がないからというので、初等科をえらんだそうだ。ところが、その七里和上のお説教を聞いて、一回でもって、すーっといけた。門徒の信心の本髄ともいうべき、阿弥陀如来の誓願を信ずれば、不安はない、ということを、ぴしゃっと受けとめた。

きみにいうのは釈迦に説法だが、おそらく「安心」を得られないと悩み苦しんでいたのは、わからない、という自分にこだわっていたということがわかったのではないかね。そうではなくて、自分が悩もうが悩むまいが、阿弥陀如来は法蔵菩薩《ほうぞうぼさつ》といわれたときからの誓願を成就して、しかも、すべての人々を救い得なかったら自分も仏にならない、といっておられる。「不取正覚《ふしゅしょうがく》」だ。なんと、おまえを救わなきゃ、俺（法蔵菩薩）もまた仏になれないというのだ。

そういう誓願のまえに、安心が得られないなどというほどの思い上がりはない。その簡単で重大な一事が、わかったのだろうよ。「わかった」という世界だな。それはもう、嬉しくて仕方がない。大愉悦だな。儂らが、初関を得たときと一緒だ。さあ、嬉しくて、思わず「ナーマンダ、ナーマンダ」と、大声で称えてしまっていたのだ。感謝の念仏が爆発したのだな。

傍のものは怒った。あの伊勢から来たキチガイがといって、うるさがる。七里和上は、

「念仏は豆をくわえて落とさんほどに申せ」

といっていたそうだ。小さい声で、控え目に称えよというのだな。そういう作法のなかへ、破れ鐘みたいな大声で「ナーマンダ、ナーマンダ」では、たまらない。二百人もいたお弟子さんたちはずいぶん文句をいったそうだけれど、お師匠さんはとりあわない。さすが、眼があったんだな。以来、有名な高声念仏になる。

そうして村田和上は、かれこれ三年、博多へ行き来したという。七里和上に会うと、ああもう帰ろうという気になる。帰ってくると、すぐまた行きたくなる。ハッハッハ……まったく儂もおかしかったよって言ってたなあ。それなのに、七里和上が死の床に就かれたとき、見舞いにも行かなかったらしい。これは村田和上から聞いた話ではないんだが、お弟子さんたちが、見舞いにも来ない村田和上を批難したそうだ。すると七里和上は、

「儂はあれが伊勢にいてくれるだけで、どれだけありがたいかわからない。あれは私が死んでもおそらくは来ないであろう、それでよいのだ」

といわれたので、周囲の人は顔色なかったそうだ。徹底した人だったのだな。師弟とも。

こういう逸話もある。村田和上の奥さんが亡くなられたとき、檀家の世話人を二人ばかり呼んで、息子二人とで棺桶に入れて焼場へ持って行かせて、焼いて持ってきて、お骨はまあ、どこへしまったか知らんが、お葬式ひとつしない。そうしておいて、しばらく経ってからのお説教に、

「まあ家内も先頃お参りさせていただきました」——。

お参り、つまり浄土へ発ったというのだな。大勢の信者たちも、これにはびっくりしてしまった。そこまで徹底していたんだな。追善のためにお葬式どころか、お経一つあげない。弥陀如来の誓願を信じて、成仏させていただくのが肝要で、あとは報恩感謝のための念仏を称えるだけでよい。死者のために経を手向けるというようなʼ「信」以外の一切のものは要らないという見事さだ。そういう人だったのだ。

この見事さは、師の七里和上ゆずりのものだったかどうかは知らない。だが、死の床についた七里和上のもとへ見舞いにも来なかったことに対する師の言葉で言いあらわしているではないか。だからな、だから、儂は質問したんだ。

「七里和上には二百人もお弟子さんがあったそうですが、誰がその正統を継いだと思いますか」

そしたら言下に、

「まず、村田でございましょう」

と。アッハッハッ。なんとたいしたものだ。「誰」なんかあてにしやしない。自分がそういってるんだから、「まず村田でございましょう」と、こう言った。溜息の出るような境地ではないか。

儂が村田和上に会ったのは、三十一の歳だった。和上は六十八だった。その頃、村田和上は、伊勢の一身田と川崎というところと、志摩の鳥羽の三ヵ所を定期的に回っておられた。儂は、鳥羽へ行ったのだ。一緒にいたのは五日、あとさき一週間だ。ほんとにそれは、儂の求道の生活でもあのくらい緊張したことはなかった。

そこでは、朝六時に起きて、朝の御飯を食べて、散歩がてら隣の寺まで参って帰ってきて、たしか、八時から十二時までお念仏だよ。それから御飯になって、また念仏になるんだ。夜まで、念仏だ。夕食をすませて、また念仏になって、深夜の十二時までつづくのだ。時々、和上がウーンといって、こうして掌を合わせると、いつも四、五十人も居る信者がみんな念仏をやめる。そこで、短い法話をされるんだ。それが実に、その、うがったものでなあ。みんなありがたがって、そりゃ、生き仏だよ。口先の法話じゃない。生活そのものが、世を超えている。

たとえば、そんなにまでしても、お布施は一切受けとらない。どういう訳だか……しょうがないから信者たちは、紙にお金を包んで名は書かないで、黙って机の上の本の間にはさんでおく。そうすると、知らん顔してつかっている。そういう人なんだ。

余談になるが、和上の娘さんが東京へお嫁に行くことになった。婚礼の日が近づくと、さすがに奥さんは気が気でない。

「あなた、支度は?」

と聞いた。すると、

「出来ている」

とこうだ。そう答えられたら、仕方がないから黙っていたが、いよいよ行く日の朝になったら、

「これを持っておいで」

といって、なんと、お聖教《しょうぎょう》――。浄土三部経《じょうどさんぶきょう》から教行信証《きょうぎょうしんしょう》など一揃えを経机にのせて出した。

さすがの奥さんも、これには驚いたらしい。

「着るものは？」

と聞いた。

「着ているじゃないか」――。

本当にそのとおりだ。人間、何か着ている。いつだって着ている。裸じゃ暮らせない。それはその通りなんだが、やっぱり奥さんはいくぶん世間的な人だったのだろう。檀家の家に飛んでいって、出来合いをすこし須けてもらって、荷物にまとめ

て東京へやったという。徹底して、よくあそこまでいったと思う。捨てて捨てて、もう、貧乏なんてものは屁とも思ってないんだ。素っ裸だなあ、生活が。なに？　禅宗みたいだって？　冗談じゃない。禅宗にもいまごろそんなのはいないよ。

また余談になるが、いろんな人が行っても、あの和上に会っちゃあ歯が立たなかったよ。悪たれが行ってね、さんざん世を呪い、人生を呪って、いいたい放題いって、死ぬことなんか屁でもないなんて、言った。それが帰るとき、寒いときだったので玄関に立ってふところから手拭いを出して頬かぶりをした。すると、

「いのちの要らない者でも寒いかえ」

って。死ぬなんていったって、糞くらえと思っているんだからなあ。和上は、万事がこの調子なんだ。そのくらいになったら、もう、恐いものなしだわな。

事実、儂は、これなら修行して悟ったなんて威張っている奴は逆におよばないぞ、と思った。だからなあ、儂は「信仰」というものについて、すっかり考え込んでしまった。信じるということは、こんなにも人を強くするのかと、驚嘆したなあ。

儂は、和上にあって、仏道に近づくたしかな道に「信」と「悟り」があることをはっきり認識したよ。何度もいうようだが、それまでは、自分は禅の修行をしたので、悟りのほうに拠っていた。ところが、どうだ。村田和上の「信」に触れたら、儂の見性などとてもおよばない。儂はもう夢中になって、みんなと一緒に念仏した。夜は十二時までだ。念仏が終って、儂のために用意してもらってあった部屋へ引きあげようとして、ちょうど和上の部屋の前を通ったのだ。すると和上が、

「ちょっと寄っていきませんか」

という。そこで、二人で信心の話をする。和上は禅のことを聞きたがる。だから儂は一所懸命、禅の話をしてあげる。儂はまた、門徒の信心について思いっきり聞こうと思って、二人で……十月の下旬だった。夜の長いときだ。

二人で話し込んでいるうちに、ランプの油がなくなって、真ッ暗なところで話していたら、窓が明るくなったよ。そしたら和上は、

「まあ、ちょっと寝たふりをしましょうよ」

とおっしゃるから、二人別々に自分の部屋へもぐって寝た格好をして、起きたこ

とがある。

こんな感激に富んだ時って、めったにないぜ、ほんとに。儂はこのときに、ほんとうの目が開いた気がしたなあ。悟りということと信ずるということは、行きつくところまで行ったら、まったく同じものだと。儂の「仏心の信心」の提唱は、このとき始まったといってよい。

だから、村田和上という人は、儂にとって大事な人だ。去年の一月、儂は伊勢へ行ってお墓へおまいりしてきたよ。

村田和上の信心かね？

うん、いい話がある。村田和上のお寺に、おしげさんという七十を越えたお婆さんがいた。この人が涙を流して話してくれたのを、儂はこの耳で聞いた。先代の東慶寺さん（佐藤禅忠和尚）も一緒だったなあ。信心に入った話をすると、感激で感激で、涙があふれてくるんだな。儂らも打たれたよ。

おしげさんは在家の人で、四日市のお嫁さんだった。若い夫が、早く死んだ。その人の家は門徒宗で、後に残った舅も姑も、口を揃えて、死んだ息子は極楽へ行ったという。先祖も極楽、息子も同じ極楽、そう信じて疑わない。ところがおしげさんだけが、わからない。安心がわからない。わからないということは、自分だけは地獄へ連れていかれるのだろうかと、もう心配で心配でたまらなかった。

　その頃、本山参りといって、村から行く団体で京都の本願寺へ行った。そこで、あっちの説教こっちの説教と、むさぼるように聴いてまわったが、どうしてもわからない。どうしようかと思っていたら、博多に立派な和上がおられるという。七里恒順和上だ。そこへ行こうと腹を決めていたらば、別の人から、そんな遠くまで行かなくても、伊勢に尊いかたがおられるという話を耳にした。実際に七里和上の許へ訪ねていったら、伊勢に村田が居るのに、なぜわざわざそこを通りこして九州まで来たかと、こういわれたというんだ。そんな人が居るのかと思うと、もう矢も楯もたまらない。団体行動を途中からぬけ出して、方角違いの伊勢の方向へ戻ってしまった。

　和上は、ちょうど御飯を食べていたそうだな。おしげさんは、その時の情景をいつまでも憶えていた。貧乏寺で、お漬け物の葉っぱを、こう、口にくわえていたという。そんなところへ行って、いきなり信心をうかがった。

「阿弥陀如来は、どんな罪深いものでも救うという誓いをたてておられるっていうこと、本当ですか？」

とこういった。

「本当じゃ」

「なにか証拠がありますか」――。

みんなこうだ。これがいちばん困る問題なんだなあ。

「証《あかし》」をたてるという。信仰や悟りに証なんて、普通の人間世界の、受取みたいなものがあろうはずはない。

いいかな。そうしたら和上は、うーんといって、

「お前さん子供があるか」

という。

「はい、あります」

「学校へ上げたか」

「上げました」

「手続きもしたか」

「はい」

「そのとき、先生とおまえとで、いろんな話し合いがあったろ」

「はい」

「そうか、それを全部、子供が理解していたか？　親と先生とでどんな話し合いがあって、どんな内容があって、どんな手続きがとられたかということを、いちいち子供が心得てなきゃ学校へ入れないか。仏さまの御誓願もそうだ。阿弥陀如来の救いの手続きはすっかりすんでいるのに、凡夫はなお不安に思う」

と、こうおっしゃった。

それは、悶々として、ちょうど煮《に》えくりかえっていたお湯の中へ、水をダブンと入れたようなもんで、「うーん」と、これだけでいけちゃった。いままで如来さまの御誓願を疑ったことはまことに申し訳ないと、それでもう泣いて泣いて、嬉しくて嬉しくて……それでまあ、それがわかったら帰れよ、と村田和上はおっしゃったが、帰らない。お寺の門前へ宿をとって通ったんだなあ。

国では、舅が、村の団参が帰るというので村のはずれまで出て待っていると、うちの嫁だけ帰ってこない。どうした、といったら、伊勢の村田和上のもとへ行ったという。なんと、目と鼻の先だ。子供たちもがっかりするので、舅が迎えに行った。するとと、どうだ。嫁は開口一番、

「お父さん、そんなことじゃない。後生の一大事をうかがって、私は本当に……」

と泣いちゃって、

「お父さん、ともかく一緒にいらっしゃい」

といって、ひきずるようにして和上のもとへ連れていって、縁を結ばせた。和上は、その人をも教化なすったけれども、そのおじいさんは、おしげさんのように行き詰まってなかったから、徹底はできなかったようだ。

信仰というものは、こういうものなんだなあ。こちらに問題のない人が、掘り出し物を漁るようなわけにはいかん。こちらに問題がなけりゃ駄目だ。「大疑の許に大悟あり」と禅ではいう。疑いが大きければ大きいほど、悟りもまた大きい。信心

でもそうなんだなあ。行き詰まっている人なら、ダーンといける。

親鸞聖人の教えは、易行だわな。行き易《やす》しだ。が、「この道行き易くして人なし」ともいう。易しい道なるがゆえに、なかなかこの道に入ってくれるものがない。門徒の信心なんて楽なものじゃない。厳しいことは、禅とまったくかわらない。

「難値難遇」という。値《あ》い難くして遇い得たという。儂と村田和上の出会いは、まさしくそれだった。すくなくとも、儂の五十歳あまり年上のいとこの公案に、儂なりの答を出すことができたのだから。

儂は、村田和上によって「信心」の大きさ、強さを知った。禅における「悟り」にも匹敵するものだ。いや、むしろ禅の悟りも、信心と同じじゃないかとさえ思うようになった。そうだろ。俺は見性を得たとか、俺は悟ったとかいっているが、なんのことはない。みんなその道は、二千五百年前にお釈迦さまがあきらかにされてあるのだ。そのお釈迦さまの悟りの世界を、のちの多くの高僧がたの教説にしたがって信じるか、自分で修行してその境地に近づくか、それだけの違いだ。それを考え違いして、自分が悟ったから世界がひらけたように思う。なんどもいうが、フランクリンと電気の関係なんだなあ。

この宇宙には、電気が満ち満ちてあるように、生きどおしで、宇宙いっぱいの仏と、仏の慈悲が満ち満ちてあるのだ。きみがそうなんだよ。儂もそうなんだ。この宇宙いっぱいの仏から、逃げようたって逃げられやしない。逃げられやしないということを、お釈迦さまが、初めてお悟りになったのだ。

そのお釈迦さまの悟りを、何十、何百という高僧がたが、それぞれ自分の修行や学問や味わいを通して、書きものにして残された。いわば、案内書だな。つまり、お釈迦さまが覚られた悟りの心境というすぐれた国とは、どういう国であるのか、どうすれば行けるか――旅行記といってもいい。

ある人は、その旅行記や地理書を読んで、そのような結構なことなら、この足で歩いて行ってみたいと思うだろう。すると、案内書や旅行記にも出ていない風光に接することができるかも知れん。

またある人は、案内書によって、とても自分の足ではその国に行けない、と諦めるだろう。しからば、いかにすればいいか。別の案内書を探さねばならない。すると、たまたま、自分の足で歩かなくても行けるという方法のあることを発見するだろう。易行道だな。自分で歩かなくても行き着くことが出来るという。それを信じるよりほかにないではないか。自分で歩けないんだからなあ。

また村田和上の話になるが、儂が和上に聞いたんだよ。

「和上はお浄土へ参られるとき、どんな服装で行かれますか」

となっ。するとどうだ。和上は、

「このまんまですなあ」といって、木綿の着物と半纏《はんてん》を眺められた。いいか。「このまんま」なのだ。自分の足で旅しようとするものは、それ相応に旅装束をととのえなければならない。ところが、そうでないものは、別に自分で用意するものはなにもない。このままで、連れてってくれるのを待つばかりなのだ。これが、他力の味わいだ。ひとえに阿弥陀如来の誓願によって救われるほかはないという道だ。

そのかわり、他力というから絶対他力なんだよ。おまかせしたら、一切、脇目もふってはいけない。自分の足でも歩けるんだが、他力のほうが楽だから、そちらのほうにしようなんて、いい加減なことはできない。それは厳しいんだ。それはそうだろう。たとえばジェット機で飛んでいるとき、このあたりは景色がいいから降りて歩きます、なんてそんな都合のいいことはできない。一蓮托生だ。ジェット機に乗っている人は、まったく操縦士や機械に頼りきっているから、安心して乗っておられる。

ここだよ。ここなんだ。儂のいう「仏心の信心」の提唱は、ここなんだなあ。

禅は、悟らなきゃわからんというのは嘘だ、と儂はずいぶんきついことをいう。そのわけは何度もいったとおりだ。自分が悟ろうと悟るまいと、お釈迦さまがあきらかにされた悟りの世界は、ちゃんとわれわれを包んでくだすっている。

たとえばそれを、永遠の生命といってもいい。大慈悲といってもいい。さっきの例ではないが、案内書や旅行記によって、その味わいかたが違うんだ。そこで儂は、それらをひっくるめて「仏心」ということにした。仏の心だよ。その仏の心が、どこにあるかといえば、大きく見れば、この大宇宙を包摂しており、身近にいえば、この儂やきみの中にある。宇宙の電気と同じで、逃れようにも逃れられないものなのだ。

一切衆生は悉有仏性《しつうぶっしょう》なのだ。すべての生きとし生けるもののなかに、仏の心は生きどおしに生きていてくださる。これを白隠禅師さまはなあ、「衆生本来、仏なり」といわれた。禅の修行といっても、所詮、この内なる仏性との出会いなのだ。にもかかわらず、禅宗に因縁を結びながら、多くの信者たちは、自分でこの修行する道に踏み込むことができず、そのために仏道から遠ざかってしまっている。禅は悟らなきゃわからん、という禅者への戒めが、一般の信者にまで手枷足枷になっている。

なんと、むごいことよのう。みんな等しく仏心に照らされているというのに、そのことに気づかずにいる。「衆生本来仏なり」という白隠さまの言葉はどうなっちゃったのだ。思い上がってはいけない。仏教信徒たるものは、お釈迦さまの昔から、三《さん》宝帰依《ぼうきえ》を信条としてきた。仏と法と僧に帰依する。平たくいうと、信心するということだ。信徒たちは、自ら悟らなくても、仏を信じ、その教えを信じ、その僧の教説を信じることで、大安心を得られるとされてきた。僧たるものは、多くの信徒を信心の道に導かねばならない。それゆえの「僧」なのではないか。

儂の「仏心の信心」の提唱は、これだ。簡単なことだ。僧として、しなきゃならんことをしているまでのことだ。禅は修行者だけの宗門ではない。自ら修行できぬものは、仏心を信ずればいい。信ずれば救われるのではなくて、すでにきみは救われているのだ。すべての人々は、救われてあるのだ。そのことを信じてもらえればいい。

またまた余談になるが、いまから十何年か前、吉田茂さんが亡くなって間もなくの頃だ。新橋（東京）のメッカとかいうバーで、慶応を出たばかりの青年が、人殺しをして死刑が確定していた。それが、十何年、未決にいて、ついに処刑された。その母親が茅ケ崎に居て、私が会った時分は、八十幾つの高齢だった。儂は、この母親を慰めることができなかったな、ほんとう。

けれども儂は、はっきりと言ってあげた。吉田さんが亡くなれば天下をあげて惜しまれ、あなたの子供は死刑になる。ここではいかにも違いがある。が、もうひとたびこの世をさようならして仏の世界に入ったら、吉田さんとあなたの息子とは同じスタート・ラインに立ってるんですよ、と。人殺しをしたから肩身がせまいなどと思う必要はない、と儂は言ってやった。

仏心とは、それだ。仏心は、絶対に一切衆生から離れない。こちらからいえば、逃げようにも逃げられないのだ。人殺しをしようが、火つけをしようが……ま、お経の言葉を借りていうなら、世界中の人を殺したって、われわれの仏心は汚れるもんじゃない。それぐらい、頼もしいものなのだ。

それほどの仏心に恵まれながら、なぜ、人にそれを教えないのだ。悟らなきゃわからんなんて、自分ひとりの世界に閉じこもっているのだ。禅に「信心」があっていいはずではないか。いや、禅にこそ「信心」の道がなければならぬ。

修行者も、そうだ。たとえば井戸を掘るときに、この下に水脈があると信じるからこそ掘るのであって、それと同じじゃないか。悟りの道といったって、最初は信じる――信心から入っているじゃないか。

しかも、禅の信心ほど頼もしいものはないと、儂は思う。

いいか。ここを聞いてくれ。さっきは絶対他力の信心をいったな。ジェット機に乗ったようなもので、途中で降りて自分で歩くことはできない。ところが、禅は、それができるんだ。そうではないか。仏心の信心は、その仏心がどういうものか明らかにしたいと思い立った者は、ただちに体験の世界に入ることができるのだ。坐禅という修行がそれだ。禅の信心とは、そういう自由きわまりない境涯なのだ。

ここで儂は、他力の信心と自力の信心との優劣を論じたのではないことは、きみにもわかるだろう。そうなんだ。他力から入っても、他力にすらこだわらなくなり、自力から入っても、自力にとらわれなくなる――それが、仏心と一つになった世界だからなあ。

仏心の生活

煩悩のまま

「朝比奈禅」だって？

冗談ではない。儂はべつに禅の一派をたてたわけではない。お祖師さまになったのではない。ご覧のとおりの老禅者で、ただ円覚の法脈を守ってきたにすぎない。

もっとも、そういっている人は少なくないらしい。儂が「仏心の信心」を提唱してから、きみみたいに面と向かっていうのはないが、人づてに聞くようになったなあ。考え違いをしてはいけない。禅にも「信心」があり、いや、実参実究を重んずる禅だからこそ信心が必要だと強調したのは、たしかに儂だけれども、儂が儂の思いつきで、あるいは儂の修行の結果としての一種の境地から、突然こんなことを言い出したのではないのだ。

祖師方が、ちゃんとそのように仰せになっている。そう仰せになっている言葉に立ち帰ったのに過ぎないのだなあ。

なるほど「仏心の信心」にいたるまで、儂は儂なりに悩んだよ。苦しみもしたよ。とりわけ、前にも話した通り、年老いたいとこから、禅では行じ得ないものは救われぬのかという公案をつきつけられてからは、死んでも死にきれないという切迫感に追いつめられるような日々だった。しかし、この道にすすんだら、誰でも通らねばならぬ道といってよく、あるいは、禅の修行をしたものは、誰でも似たような心境に立ちいたったのではないかなあ。

有名な達磨大師のお言葉にもあるのだ。

達磨さんといえば、伝説がある。「面壁九年」といって、壁に向かって九年も坐っておられた結果、さとりを開かれたという。だが、そのために両脚がくさってなくなってしまったなんて、あれは嘘だよ。その伝説から、張り子のダルマさんになって、下におもりをつけて、七転び八起きなんてね。達磨さまはなあ、中国における禅の初祖とされる人だが、もともと、南インドの国王の家に生まれた。お釈迦さまと同じに王子さんだ。それが禅の修行をして中国につたえ、少林寺で亡くなられたというが、葱嶺（パミール高原）をこえて、南インドに帰られたという説もあるからな。足がなかったら、そんな広範囲な活動は出来っこない。

その達磨さまは、禅の要諦を、

「直指人心《じきしにんしん》　見性成仏《けんしょうじょうぶつ》」

と、まことに簡潔に示された、ということになっている。儂の調べた範囲では、達磨さまのご著作のなかにそのような言葉は見当らないけれども、そんなことは、どうでもいいや。いずれにしても、禅の本質というものを、きわめて端的にあらわした言葉だ。

要するに、直指人心・見性成仏。字義どおり註釈無用だわな。ああでもないこうでもないともってまわらずに、自分の心の本体を究めてみよ。すると、めいめいのなかにある「仏心」にめざめて、安心《あんじん》を得るというのだな。

その「仏心」にめざめるとは何か。

達磨さまのご著書のなかに『四行観《しぎょうかん》』というのがある。いってみれば、直指人心・見性成仏ということの実践を体験的に述べられたものだ。その冒頭に、

「理入《りにゅう》」

という。これは「理入」と「行入《ぎょうにゅう》」の二つの項目があって、あとの行入のほうには、人生の見方について四つほどの注意がされている、いわば具体論だから、禅にとっては「理入」のほうがたいせつなのだ。

その「理入」というのがほかでもない「仏心の信心」なのだなあ。その意味はこうだ。人間は、誰でもお釈迦さまの悟られた「仏心」とおなじ「仏心」をそなえている。その仏心が見えないのは、なぜか。それが煩悩のせいなのだな。煩悩にくらまされているのだから、その煩悩にとりあわないで、坐禅をすれば、かならずその「仏心」を会得できる、というのだ。

これは親鸞さんの教えともまったく同じだ。「南無阿弥陀仏」ととなえる称名《しょうみょう》すら、みずからの「行」とせず、口をついて出る念仏は、ただもう、弥陀如来の救済に対する感謝のことばだと、そういうふうに「信心」に徹底した親鸞さんと同じな

のだ。『正信偈』に、

煩悩《ぼんのう》障《しょう》眼《げん》雖《すい》不《ふ》見《けん》

大悲《だいひ》無《む》倦《けん》常《じょう》照《しょう》我《が》

といっている。

煩悩眼《まなこ》を障《さえ》て見奉らずといえども大悲倦《う》むこと無く常に我を照らし給う——。

そのとおりなのだな。われわれ、いつも煩悩という心の迷いに目の前をさえぎられている。目の前の煩悩のすがたしか見えないのだ。しかれども、大悲は無倦。いい言葉だな。

儂たちは、「我」にとらわれている。煩悩にぐるりととりかこまれた「我」のなかに凝り固まっている。不自由といえば、これほど不自由なことはない。なあ。いま、世の中「自由」だという。けれども、それは制度として、あるいは世の仕組みとしての自由であって、ほんとうにみんな自由の恩恵に浴しているかというと、そうではない。人間、本来、自由であるべきなのだが、その自由を縛っているのは、自分なのだぜ。煩悩で目の前がまっくらなのだ。まっくらだから、行動もままならない。

だから、その目先の闇をつき破らねばならないのだ。つき破るという行為が禅であり、坐禅をして心を調えると、かならず闇が晴れて先が見えてくる。「大悲無倦」だからなあ。

禅も出発点は、まずたしかな仏の心に照らされてあることを信じることからはじまるのだ。この信心なくして、行に入ったものはない。みんな、たしかな仏心を信じて、坐禅をしておるのだ。

『涅槃経《ねはんぎょう》』は、繰りかえし繰りかえし、この道理を説く。「一切衆生悉有仏性」——一切の衆生は、悉《ことごと》く仏性を具有す、といい、あるいは「大信心は仏性なり、仏性は即ち如来なり」という。この言葉は、親鸞さんも『教行信証』に引用している。

自力も他力も、つまるところ、如来そのものたる仏性にめざめるところから始まる。それがすなわち「大信心」というものだ。

達磨さまが申された四行観の「理入」とは、要するにこの道理をあきらかにされたにほかならない。

したがって、達磨大師いらいの祖師がたも、この道理にしっかり足を踏まえてやってこられた。

達磨さまから法脈をかぞえて六代目にあたる六祖慧能《えのう》禅師はな、達磨さまによって中国につたえられた禅を、完全に中国のものにされ、禅をさかんにされたかただが、このかたの生涯を通じての説法は、この一大事に尽きた、といえる。

おもしろい話がある。

六祖慧能禅師のお弟子さんで、六祖の法を継がれた尊いかたの南岳懐譲《なんがくえじょう》禅師と、六祖の問答なのだ。その問答というのは、前後八年間という長い時間が経っているが、話そのものは、それほど長ったらしいものではない。むしろ、短い話だけに、八年という時間の経過が凄いのだ。

南岳が、六祖のところへ参禅に行ったらば、六祖は、

「おまえは、どこから来たか」

という。

「はい、衡岳《こうがく》からまいりました」

と南岳が答えると、六祖は、重ねて問われた。

「そこへ、そうやって来たものは、いったい何か」

さあ、わからない。言いかえれば、おまえ自身はどういうものか、という問いなのだが、その問いの意味さえわからない。したがって、答の出しようがない。禅というものは、これなんだなあ。衡岳というところから、はるばる杖を曳いてきた自分ではない。いま現に、だ。いま現に六祖と対面しているおまえ――南岳とはなにか、というのだ。

禅は、いつもそうなのだ。よく例に出すのだが、いま儂がこうしてきみと話をしている。きみは、話を聞いている。儂がこうやって、とん、と机を叩く。いま、この部屋にはきみだけだが、たとえほかに何人居ようが、何十人居ようが、「とん」と机を叩けば「とん」と聞いている。おもしろいじゃないか。何人、何十人となれば、男もいるだろう、女性も居るはずだ。学問的にすぐれた人もいるだろうし、それほどでもないものもいる。人さまざまなんだな。ところが、その誰もが「とん」と叩けば「とん」と聞いている。

この「とん」と聞いているものがわかればしめたものなのだが、そこがそれ「煩悩障眼」なのだ。南岳についていえば、衡岳からやっとの思いでやってきた自分というものにこだわっているから、わからない。結局、わかるまでに八年間かかったという。八年間も、この問題ととり組んで、苦しまれたのだ。

だから、わかったときは嬉しかっただろうな。早速、師の六祖のもとにとんでいって、

「説いて一物に似たらば即ちあたらず」

と答えた。ああとか、こうとか、ひとくちでも説いたら、もう真実とは違っている、という意味だな。すると師の六祖がただちにいった。

「かえって修証《しゅしょう》をかるやいなや」

そのすばらしい境地は、修行し、苦しみ、その結果、悟りを得てそうなったのか、と斬り込んだのだ。

南岳はいった。

「修証は無きにあらず、染汚《ぜんま》することを得ず」

と。修行して得た境地には違いないが、「仏心」そのものは、もともと絶対なもの、超絶的なものだから、修行したからきれいになったとか、修行しないからよごれたということはあり得ない、とこうだ。これはまさに「大悲無倦」といった親鸞さんの心境と同じなのだなあ。南岳はその答によって、六祖から印可《いんか》を得、六祖の法脈を継ぐことになった。達磨さま以来の、禅の正統をあずかることになった。あくまでも、自分の修行にかかわってはいけないのだなあ。

それほどのやりとりの指すものは何か、くどく言うようだが、フランクリンと電気の関係だ。自分が悟ろうが悟らまいがわれわれはお釈迦さまがお悟りになったとまったく同じ「仏心」の真ただ中にいるのだ。「仏心」には罪やけがれも届かないから、「仏心」はいつも清らかであり、いつも安らかであり、いつも静かなのだ。この「仏心」は時間的には生き通しであり、空間的には宇宙いっぱいだ。すべての人は、この尊い「仏心」の中に生まれ、「仏心」の中に住み、「仏心」の中に生き、「仏心」の中で息をひきとる。生まれる前も「仏心」、生きている間も「仏心」、死んでからも「仏心」、仏心とは一秒時も離れてはいない。これがわれわれの心のおおもとなのだ。

白隠禅師が『坐禅和讃』の冒頭に、

「衆生本来仏なり」

と高らかにうたわれたのも、ここのことなのだ。

また親鸞さんは、その「仏心」を信じたとき、すなわち仏と同体のさとりを得る、といわれた。「正定聚不退《しょうじょうじゅふたい》」に位置づけられるといわれた。わかりやすくいうと仏に至るまでに、いくつもの段階を駆け上がっていかねばならなくて、その間、ちょっとでも気を許すと、たちまち出発点まで転がり落ちてしまうが、信じたとき、すでに、その転がり落ちる段階を卒業してしまったというんだな。不退だ。

だから、その上はもう、何も要らないという。何の行も必要とせぬといい、念仏すら、自分が唱えて宗教的善行とする「行」ではなくて、「ありがとう」という挨拶だという。

しかし一面、人間の側から考えると、ただもう無条件に「ありがとう」とまかせきるというのは、たいへんなことだ。そこまでまかせられたら、これはたいしたものだ。儂は、そうやってまかせきった人は、たいしたものだと思う。

だがやはり、人情としては、その境地をたしかめたいだろう。けれども、他力宗ではそういう気持が起こったとき、すでに絶対他力の絶対性が失われている。そういう理屈になる。実にきびしいものだ。

そこで、禅なのだな。禅は、やはりこの「信」から入って、自分で自分の境地を味わいつつすすむことができるのだ。実参実究のたのしみなのだなあ。


禅とは、要するに、お互いの本来の心のすがたを知ることだ。真実のすがたを知るのだ。その真実のすがたを知るために、三つのたいせつな条件があると示されたかたがある。中国の明の時代の中峯和尚の言葉だ。和尚は申された。

「禅の修行をするには、大信根《だいしんこん》、大疑団《だいぎだん》、大憤志《だいふんし》、この三つが不可欠だ」

つまり、大信根——仏心の信心からはじまって、大疑団、大憤志をもって、禅の修行をすすめてゆく。絶対他力からいえば、大疑団と大憤志の二つが別に用意されているわけだ。これはもう、註釈する必要はないだろう。字義どおりだ。そのとおりに読んでもらえばいい。これがつまり、修行をしていくものの支えなのだな。「仏心」に対する大信根を前提としつつ、自己に対する大疑団と、その大きな疑いを乗り越えるための途方もない志を燃やしていかねばならない。いま、こうやっている自分はどうなのか、と問いかけ問いかけ、その自分を乗り越えていく心がまえだ。南岳が六祖に問われたように、いま、こうやって坐禅をしている自分とはどうなのか、と追究していく。

自分を見る、というのは、こわいものだぜ、きみ。

けれども、こわいからといって、目を塞いでしまったのでは、なんにもならない。これでもか、これでもかと、自分を追究していかねばならぬ。坐って坐って坐り抜いて、できるまで坐るのだ。できるとは、もはやいうまでもあるまい。「仏心」と冥合することだ。自分と仏と一つになる、そこだ。

いい話がある。趙州《じょうしゅう》という中国の禅僧の問答だ。

ある僧が、趙州に、

「達磨大師がつたえた禅とは、いかなるものか」

とたずねた。すると、その答がふるっている。

「庭の柏槙《びゃくしん》の樹」

という。そこに柏槙の樹があるではないか、それだ、というのだな。質問したほうの僧は、からかわれたと思ったのかな。いささか憤然として、

「和尚は境をもって答えているのではないか」

と詰め寄った。ここでいう「境」とは、自己以外のものだ。世間の言葉でいったら、詭弁を弄している、という難詰に似ているかも知れん。しかし趙州は、そういう難詰の手に乗らない。

「儂は境をもって答えているのではない」

と真顔でいる。そこで重ねて問うた。

「しからば、達磨大師の伝えた禅とはいかなるものか」

趙州は、答えた。

「庭の柏槙の樹」

どうだ。わからない？　きみには、わからないだろうな。それは無理もない。わ

からないものは、わからない、それでいいのだ。

やはり中国の禅僧に、雲門という人がいた。この雲門に修行者が問題をしかけた。

「仏とは」

とたずねると、雲門は、即座に、

「糞かきべら」

と答えた。糞かきべらとは、人糞を処理する棒切れらしい。不潔なものだ。そんな不潔なものが清浄きわまりない「仏」であるなんて、きみ、考えられるかね。考えられないだろう。とうてい一致しないのだ。それが禅では、すこしも矛盾しない。なに？　自分は仏と一体であり、且つ、自分は糞かきべらであるとな。理屈っぽいのう。そんな三段論法は何の手がかりにもならない。が、まあ、わからんものは、わからんでいい。わかったか、わからんか、わからんのが一番困る。

三毒の煩悩という。貪欲、瞋恚《しんに》、愚痴だ。これは、人間が人間であるかぎり、逃れられない宿業だ。だいいち、貪欲、欲しいという気がなくなれば、生きていけないわな。一粒のごはんをいただけるのも、欲しいという欲求のあらわれだ。あと、瞋恚、愚痴となると、「生物的生存」という必要最低限のものと直接かかわってこないだけに、もう目を塞いでしまいたいほどだわな。思えば、汚れたこの身だ。その汚れたこの身が、汚れたままで清浄きわまりない「仏心」と冥合している。「仏」と一体になっている。なんということだ。

しかもその仏心は、南岳が六祖に答えたように、

「染汚することを得ず」

自分が、自分で努力して、修行して、はじめて手にした絶対境なのではない。自分の現実のすがたがどうであろうと、仏心の絶対性はゆるぎもしないのだ。

煩悩をかかえたままで、なのだ。

坐禅をして、坐って、坐りぬいて、やっと「仏心」を悟っても、この身はこのまま、煩悩の火をともしつづけている。儂がそうだ。祖師がたも、そうだったであろう。もっというならば、覚者たるお釈迦さまがそうだったのだな。

「涅槃《ねはん》」

という言葉がある。お釈迦さまが「涅槃」に入られたという。いま「涅槃会《ねはんえ》」と

いえば、一般的に、お釈迦さまのおかくれになった日の法会ということになってい
るけれども、ほんとうは涅槃とは、「悟り」という意味だ。そのお釈迦さまの涅槃
について、「有余《うよ》の涅槃」と「無余《むよ》の涅槃」の二つがある。

何度もいうようだが、お釈迦さまは、最初に「仏心」を悟られたかただ。史上「覚者」といわれたかたはほかにない。そのようなかたでも、有余のあいだは、煩悩があった。有余とは、体のあるあいだ、生きているあいだ、ということだ。生きているあいだは、腹が減ればひもじいし、ひもじくなれば、食いたいという欲望がおこる。「覚者」だって、そうなのだ。人間だからな。

人間だから、体が的確に反応する。虫に食われれば痒いし、げんに、おかくれになるときは「背中がいたい」と訴えられたという。やはり、死ぬほど苦しまれたのだ。「覚者」になられても、体のあるあいだは、生老病死、苦はついてまわる。

ところが、そのお釈迦さまが、息をひきとられる。すると、人間の肉体が一片の物質に化してしまうのだから、もはや煩悩のおこるよりどころがない。「無余」だな。余り無しだ。余りなく、完璧なる涅槃——お悟りに入られたのだ。

お釈迦さまでさえ、そうであった。お釈迦さまでさえ、無余の涅槃に入られるまでは、煩悩をかかえたまま、だったのだ。

門徒宗にいい話がある。本願寺の蓮如さんだ。

蓮如さんが、絵描きを招《よ》んだ。最初に鬼の絵を描かせたんだって。それができると、つぎに仏さまの絵を描かせた。そうして、声をかけた。

「鬼と仏と、別々の筆をつかったかね」

絵描きは、正直に答えた。

「いえ、一本の筆です」

すると蓮如さんはだな、即座に、

「同じ筆で、鬼も仏も描けるのだ」

と言ったという。この機微なのだな。いってみれば、われわれは、一本の筆だ。筆である人間は、生きているかぎり、たえず絵を描いていなければならない。それが時には鬼の絵であったり、時には仏になったりする。すなわち、煩悩にさいなまされるのも儂、仏心と一体になるのも儂、なのだ。

煩悩に汚された身のまま、お釈迦さまの「悟り」と一体になれるという。ありがたいことだぜ、きみ。

きみは幾つだっけ。なに？　そりゃ若い。儂の半分じゃないか。だけど、若いと思って無茶をしちゃいかん。せっかくの命だ。大事にするんだぜ。儂は若い人を見ると、それをいうんだ。最近、若い弟子を水害でなくした。むごい話だ。可哀相したよ。

大事にしろよ、なあ。大事にするんだ。

しかし人間、いくら自分をいたわっていても、逃れられないときは、もうどうしようもない。いつなんどき、人間が人間でなくなるときがやってくるかも知れん。生死事大だ。その覚悟はできているだろうな。人間なあ、どんなに健康な人でもみんな死刑の宣告を受けているのだぜ。ただ、その執行の日がわからないだけだ。執行の日がわからないから、のほほんと生きておられるが、覚悟だけはしておかねばならない。

儂の好きな古語がある。

「水は科《あな》に満ちて流る」

という。水が流れていくと、地面にくぼみがある。水はそこにたまる。やがて、くぼみがいっぱいになると、あふれて流れ出し、つぎのくぼみに注いでいく。ただそれだけのことだ。ただそれだけだが、味わい深い言葉だよ。これを人間にたとえてみると、人間だったら、このくぼみは嫌だとか、あるいは後ろがつかえているから、さっさと先まわりしてむこうのくぼみに落ち着こうか、という寸法になるが、水は無心だから、ただ法則のままに動く。高きより低きに流れる。

だから違う、と心得がちだが、じつはそうではないのだなあ。人間が違うと思ったら、それは人間の思い上がりだ。人間もまた自由自在に自分をあやつっているように錯覚しているが、人間の運命もまた、法則によって動いている。

「業《ごう》」だ。人間、すべてこの業によって動かされている。苦も楽もよろこびも悲しみも、みんな業のなせるわざだ。業――きみらの好きな言葉でいえば、存在を存在たらしめているもの、と言ったらいいかなあ。儂をして儂たらしめているもの。ごく初歩的につかわれるたとえだが、良いタネを播けば良い実がみのる。悪いタネを播けば悪い実がなる。「善因善果・悪因悪果」だな。しかもそれが、過去・現在・未来の三世《さんぜ》にわたってつらぬいている。三世の因果だ。

かなり前のことだが、代議士の奥さんたちが五、六人やってきた。どこでもそうだが、女性が集まると男性の棚おろしになるらしい。このときも、さんざんやったあと、ある奥さんがしみじみ、

「殿方はわがままで、女に苦労ばかりさせる。だから今度生まれるときは男に生まれてわがまま一ぱいに振舞いたいものです」

といった。みんな同感だ。そこで儂は、

「来世を待つまでもない。いまの世が、そういう女性の思いのままになっている」

といってやった。もちろん、儂の意とするところがわからない。口ぐちに「まさか……」という。それはそうだろう。自分たちの意志で自分たちを不幸にしているなんて、考えられないことだ。しかし、そういう見方は、三世のうちの現在だけにとらわれているのだねえ。過去を踏まえ未来を展望して考え直さねばならない。儂

はいったのだよ。

「前の世でなあ、前の世の奥さんがたも、あんたがたと同じ考えだったらしい。男のわがままで困らされていて、これでは女が不幸すぎるから、つぎの世には男に生まれて、女性を大いにいたわってやろうと思っていたのなら、こうはならなかっただろう。前の世の奥さんも、あんたがたと同じように、これではいまいましいからつぎの世は男に生まれて、大いにわがままをしてやろう、と手ぐすねをひいていたから、こうなった。いま、わがままいっぱいの男が、それだ」

笑い話だぜ。笑い話だが、そうでなきゃならんのだよ。三世にわたってそういう見通しをもって、この世をせい一ぱい生きるという心がけがなければならない。その心がけこそ、業という法則に水のように無心にしたがってゆく人間の在るべきすがただ。


中国の高僧に、おもしろい話がある。高僧が道を歩いていると、樹の上で修行をしている仙人《せんにん》がいた。

「おまえは何をしているのか」

と高僧がたずねると、

「こうして行じると、三百歳まで生きられる」

と、こうだ。仙人だから、不老長寿の修行なのだな。しかし高僧は、すかさず問いかえした。

「三百年生きて、それからどうなる」

ここだぜ。それからなのだ。三百年生き得ても、所詮、寿命は寿命なのだ。あと二百何十年のちには、かならず死ななければならない。人間、みんな死刑の宣告を受けているのだからな。だから、「それから」が問題なのだ。この話についていえば、仙人はその一言でめざめて「死んでも死なない」仏教の真理に帰依したという……。

まあ、長々と死んでも死なない「仏心」の話をしたが、儂のこの話を聞いて、成程それにちがいあるまいと得心出来た人は、悟ったと同じ力を得ることが出来る筈だと儂は信じている。だが、ただ「そうか」だけではまだ足りない。その「そうか」をはっきりと練り上げて行かなくてはね。

だから儂は、誰でも毎朝仏前に正坐して、坐禅の要領で、腰をたて、背骨をまっすぐにし、頭のてっぺんで大空をつき上げるような心持で静かに手を合せ、腹の底から、

「南無釈迦牟尼仏」

と七遍以上、多ければ多いほどよいが、とにかく七遍以上唱えるように勧めている。こうして常にわれわれの仏心をもってお釈迦さまの仏心を念じていると、仏心の徳が自然とにじみ出て、心の暗かった人も明るくなり、狭かった人は広くなり、体も丈夫に、日々を朗らかに暮すことが出来、いざという時にもあわてることがない。儂は誰もがお釈迦さまの尊い悟りのめぐみにうるおうことが出来るようにと、あえてこの信心を説いて、はや三十余年になる。これが一禅者としての儂の修行の結論だ。現に多くの人がこの「仏心の生活」によって大きな力を得てくれている。有難いことだ。

「南無釈迦牟尼仏」

生命の原点

夢幻の命から

困る

人間は、困らなければならない。困る人でなければならない。

誤解しないでもらいたい。困る人といっても、決して人を困らせる人ではない。自分に正直で、自分に嘘が言えなくて、わからないものはわからない、困った事は困ったこととして、困る人でなければならない。小器用に自分を誤魔化せる人は、その場その場を要領よく切り抜けていくことができても、所詮それだけで、人間に成長はない。

言葉をかえていえば、困るということは、人間が生きている証拠なんだなあ。成長というものは、生きている間にしか行われない。死骸に生長はない。困る、悩む、つき当ると、人間はかならずそれに対応しようとする。前進ばかりではないんだよ。一旦、ひっこむことも、あるいはあり得るのだ。ひっこむからこそ、前へ出ようという運動が起るのであって、人間の成長は、この運動に頼るのが、いちばんいいのだなあ。

それには、なによりもまず、自分に誠実であることだ。仏教の名だたる高僧がたが、みなそうだ。親鸞さんにしても法然さんにしても、そうだ。日蓮さんも、そうだった。みんな誠実に悩み、苦しみ、苦しみをつき抜けて、それぞれの世界をうちたてられた。みんな適当に、自分の宗教的悩みを処理できる人だったら、こんにちの浄土門や法華門はなかっただろう。

何度もいうようだが、儂はお寺に入って幸せしたよ。最初にお世話になった師匠が、尊いおかただった。いろんなものを、むさぼり読むことを許して下さった。西洋のものでは、ルーテル（Martin Luther）だった。これは、教えられたなあ。ゲルマン民族特有のあの頑固さと、田舎者の正直さは、むしろわからず屋といっていいほどではないか。それだから、宗教改革ができた。世界宗教史上に、忘れられない業績を残した。あの「塔の経験」だ。修道院にこもって、信仰と罪の問題に苦しんだ姿は、尊いものだよ。自己と、自己の信仰に対する誠実とは、これだ。人間、これでなければならない。

儂の経験についていえば、十五、六歳の頃だったと思う。一冊の本に出会った。村上専精《むらかみせんしょう》という、仏教学の大先輩が著した『仏教統一論』だ。凄い内容だった。分厚い本なんだなあ。これにはたいへんなことが書かれている。

結論から先にいうと、仏教で説かれている三世諸仏《さんぜしょぶつ》は、釈迦如来を除いて、全部、小説みたいに創作された存在だという。創作という言葉が妥当でないなら、象徴的といったらどうだろう。いずれにしても、歴史的な存在ではなく、観念の所産だという。なんと、当り前の話なんだがね。今日の常識でいえば、当り前すぎるほど当り前の話なんだが、当時はまさに驚天動地の趣きだった。儂は、これで仏教は変った、と思った。いまいえば、大げさかも知れん。が、当時はそれほどの驚きだった。

仏といえば、薬師如来があり、大日如来があり、阿弥陀如来があり、その他、諸仏諸菩薩がたあんとあるわな。それはどういう仏かというと、仏教の高僧がたが、仏教をわからせるために書いた仏教文学というものに登場させたんだ。大乗経典がそれだな。日本で最高の経典といわれる『法華経』をはじめ、『華厳経』でも、門徒宗や浄土宗の依りどころとしている『大無量寿経』、『観無量寿経』、『阿弥陀経』も、みんなお釈迦さんがおかくれになってから何百年も後にできたもので、たくさんの仏菩薩は、その文学書の主人公なんだ。

ところがインド人というのは面白いもので、創作した文学に、一人も作者の名前が出てこない。全部、お釈迦さまが説かれたと書いてある。偉いもんだ。それが中国に渡って翻訳されたとき、当然の成り行きとして『仏説大無量寿経』『仏説観無量寿経』とした。以来、大乗経典は、そのまま、お釈迦さま金口《こんく》の説法として通用してきた。誰もこれを疑ってかかるものはなかったし、ましてや十方三世一切の諸仏が、そういう経歴だなんて考える人もいなかった。

親鸞さんも、そうだったんだなあ。大蔵経を何回読んだとか、とにかくその猛勉強ぶりはなかば伝説的だけれども、このもっとも基本的な問題には、特別の注意を

はらった形跡がない。それどころか、有名な『歎異抄』には、

「弥陀の本願まことにおわしまさば……」

という大胆きわまりない仮説をたてて、仏法を説いたことがつたえられている。

弥陀如来の本願がまことならば、お釈迦さまのおっしゃることに間違いがなく、釈尊以来の浄土門の門流をつたえた高僧がたの教えに間違いはないはずだし、それを承けた法然さんにもあやまりがあるはずがない、という筆法だ。

もちろん、ここでいう「まこと」とは、宗教的真実を指すものであって、かならずしも釈尊金口の説法という歴史的事実をいっているのではない。むしろ、親鸞さんにおける「信」のつよさといったら、歴史的事実かどうかといった吟味を超えているところにあるのだが、この「信」の世界のわからぬものには、危険きわまりない論法にもなりかねない。

しかし、このことについては、決して親鸞さんを責めるべきではない。時代がそうだったのだ。あの鎌倉という時代に、仏典の歴史的考証に本気でとりかかるなんて、とうてい考えられなかった。おそらく親鸞さんほど偉大なかたでも、こんにち

の歴史認識の水準に照らし合わせてみると、中学生にも劣る状態ではなかったかと思う。問題は、その時代の歴史認識がなんの疑いもなく、以来、数百年にわたってそのままで語りつたえられてきたことだ。

村上専精先生は、そのことと真剣にとり組まれた。自分たちの崇めている仏とは、いったいどういうおかたなんだろうと、本気で追跡された。いまだったら、珍しくもなんともない。こんにちの仏教学は、外国での研究成果を受けて、原典研究がさかんになった。サンスクリットやパーリ語を掘りおこし、仏教の初めの頃のすがたが、次第に明らかにされつつある。ところが、村上専精先生は、英語もフランス語も出来ないのに、漢訳の経典だけを読んで、ついにその仏たちの教義的根拠をつきとめた。そうして、日本仏教の根本はこれだ、ということを世に問われた。

偉いかただったなあ。何が偉いといったって、それまでの仏教学が、仏教の根本義たる「仏」の存在にただ漠然と目をやっていただけなのに、それに大真面目に目を凝らされた。困ったんだなあ。いかなる仏かということがわからぬ以上、如来を如来として認めることはできない、というとあるいは言い過ぎかも知れないけれども、ともかく、そういう頑固さが、それまでの仏教学に対して目のさめるような発言をさせるにいたる。

そのために、破門されたんだよ、村上先生は。先生は門徒宗だったが、宗門に不都合だというので、破門になった。阿弥陀如来を、あれほどの大人格が実在するものと信じ、その「信」によって生きてきた宗団が、実はその阿弥陀如来は小説に創作された人物だったといわれたのでは、その「信」そのものが根底からくつがえるのではないかと思ったのだろう。そういう恐怖にかられたのだろうなあ。

ところが実は、そうではない。三世一切の諸仏が、仏教文学のフィクションの所産だからといって、根も葉もない話だと思っちゃいけない。そういうのは、本当に「宗教」というものがわかっていない人の理解で、仏とは、断じてそういうものではない。

なるほど、三世の諸仏のなかで、釈迦如来だけが歴史的実在だった。そのお釈迦さまも、二千五百年前にお亡くなりになっている。お釈迦さまが亡くなられたから、釈迦教そのものが滅亡したというのかね。そうではない。いま現に、生きている。

「教え」が生きており、「いのち」が生きている。そのいのちが永遠なのだ。このいのちの永遠性のなかに、三世の諸仏がある。仏教は、お釈迦さまの「悟り」を中心につたえられてきたのだが、その悟りのなかで、大日如来という仏様も存在しなければならなくなり、薬師如来も阿弥陀如来も必要としてきた。いわば、これらの諸仏は、お釈迦さまの悟りと一体なのだ。間違いなく、一体なのだ。

仏教では十界といって、十の世界を説く。いちばん上が、いうまでもなく仏さま。それから最下位の地獄まで、十《とう》の位《くらい》がある。

上の四つが仏、菩薩、縁覚《えんがく》、声聞《しょうもん》。途中に天上界と人間界がちょうど中程にあって、下は修羅、畜生、餓鬼、地獄となる。これを上下に分けると、天上界までの五つが上、人間以下の五つが下だ。けれども決してこれらは、別々に存在するのではない。地獄の人の心にも、天上界から仏さままで行ける可能性がある。逆に仏さまの中にも、地獄も餓鬼も畜生も入っている。

つまり、我々の心は、仏さまの世界にも行けるし、地獄にも行ける。そんなおそろしい周遊キップを持っているんだ。だから、人間というものは面白い。そういう複雑なものなのだ。

お互い、すこしものを心得ているからといって偉いと思うのも嘘、ちっとばかり成功したからといって威張るのも嘘、ささいな失敗をしたからといって悄気《しょげ》こんじゃうのも嘘。仏さまも自分のなかにある。餓鬼や地獄も自分のなかにある。坐禅和讃にいう、なにもかも「自分」なのだ。

だから、阿弥陀仏のような仏がいっぱいいて、不思議でもなんでもない。空間的にも無限、時間的にも無限なんだ。そうした意味でいえば、ここにこうしているきみも仏、儂も仏ということになる。みんなそうなんだなあ。それを経験的にやらせるのが禅だ。観念的に頭で憶えようというのではない。体験として、仏の悟りと一つになる世界へ入り込んでしまうのだ。


とにかく三世の諸仏のなかで、歴史的に実在だったお釈迦さまも、その人間としての在《あ》りようは、「困る」ということだった。困って困って困り抜いて、それが「悟り」への出発点だった。いま、我々から考えてみると、お釈迦さまの困りようは、尋常ではなかったよ。いまネパール地域になっているそのなかの一国の王様の子に生まれて、なに不自由なく育てられた。

羨ましいかぎりだ。儂なんか幼少のときに二親をうしなって、その悲しみは、いつまでも消えない。少年時代の孤独な思いは、自分ながら、ひどかったと思っている。八十六歳になったいまでも、当時を思うと心が疼く。いまだに二親のある人は羨ましいし、豊かに育った幸せな人を見ると、私のような境遇に育ったものの気持はわかりっこない、と思う。それほど頑《かたくな》なものなんだよなあ、人間、自分の体験というものに対しては、それほど、こだわっている。

ところがお釈迦さまは、お母さんの顔こそ知らずに育ったが、その他のことではこだわるべき何もなかった。しかも、小さいときからよく出来た人で、学問もすぐれ、慈悲深いかたで、いわば皇太子として優等生中の優等生だった。そんなおかたが、困られた。何に困ったかというと、「人生」だよ。人生とは、生きているとは――という疑問に真剣に立ち向かい、当時の名だたる学者や宗教者を招いて、悩みを解決しようとされた。けれども、疑問は解決しない。そこでついに日常を放棄されたんだなあ。円満な家庭生活を営んでいたのでは、とうていこの疑問は解けないと、出家された。

お経には、

「大道は無師独悟に如《し》かず」

とある。自分の求めている道は、いまのところ誰もやったことがない。自分でやろう、というのがその動機だった。そのお釈迦さまを、釈尊として、地上の存在でありながら地上を超えた存在として今日に在らしめたのは、なんといっても坐禅だな。禅が、仏教をはじめたお釈迦さまの一番の基本的な修行だった。だから、禅を正直にやって、仏教の根元がわかってこなけりゃ嘘だ。

道元禅師は自信の強い人で、

「仏法の祖風、諸宗の根元」

といわれている。道元さんという人は、見識の高い、民族を超えた気高い人格をもつかただが、反面、なかなか人間味のある人だったらしい。ほかの宗旨をまとめて自分のハンドバッグに入れてしまうような、茶目っ気というか、そういうところがいかにも面白い。禅が日本に入ってきた頃、我が国で盛んだった天台や真言、あるいは南都の仏教が先輩面しているのが、なんとも癪にさわったんだろうな。だから自分のつたえてきた禅の真価をあきらかにするために、「諸宗の根元」という思いきった表現になったのだろう。

道元禅師当時の既成仏教といえば、仏教の生きているはずの教えが観念的になり、学問になっちゃった。同じ頃の時代を生きた法然さんや親鸞さんも正直なかただったから、自分に嘘がつけない。自分の内面的な苦しみを誤魔化せないかただから、大いに困られたのだなあ。

そこで法然さんは、苦しみ抜いたあげく、善導大師《ぜんどうだいし》の教えに会われた。この困りようを解決するには、他力浄土の門以外にないと、すがるような思いで念仏一途の道に入られた。宗教学者ではなく、求道者だったのだ。その法然さんのもとへ、やはり同じ悩みをもち、同じ苦しみをもち、同じように既成仏教の中で真剣に道を求めていた親鸞さんが、門を叩かれた。

いわば、お釈迦さまと同じ苦しみから出発しているんだなあ。お釈迦さまの困ったということを、同じように困ったこととして、自分の過去の学問も業績も一切ふり捨てて、ただ、阿弥陀さまの誓願を信じるという、その一事に打ち込まれた。

いま流行《はや》りの言葉でいえば、仏教の「原点」に戻るということではないかな。仏教には自力宗と他力宗があり、前者は禅、後者は念仏門といちおう区別はできるが、いずれにしても、人生は困るというところから出発しなければならない。

人生の問題で大事なのは、死と生だな。我々はいま生きている。だから、生きていることをわかったつもりでいる。けれども、本当にわかっているのかどうか。この「生」という確認がむつかしい。よく宗教は、とりわけ仏教では、死後のことを問題にしすぎるという非難めいた言葉を聞く。この言葉の裏には、人間の生きかたを求めるには死後の問題など無関係という漠然たる思いがあり、生きている現在だけがたいせつなのだという思い上がりがある。だが、よく考えてみると、死後も現在につながっているかぎり、現在の問題にちがいない。

人間、過去や未来を切り捨てて、現在だけで生きよというのは、まったく滑稽だよ。現在、現在と念仏のようにいうが、過去や未来と切断した現在なんか、どこにあるのか。現在はすべて過去を踏まえ、未来につながっている。お釈迦さまが本当に大事にされ、困りに困り抜かれたのは、「生命」というものの本質をきわめたいということだった。われわれの生命は、たしかに現在、ここに在る。あるからこそ、いつ消えるかわからない。それは、あるつもりでいることにほかならない。

そういう夢まぼろしのような現在の「生命」にたよっていたのでは、いかにも心許ない。無限の生命、永遠のいのちは何か——それが、お釈迦さまの苦しまれた「原点」だったのだよ。

はじめて声に出して

母

　儂は御苑の観菊の会に夫婦で招かれたことがあるんだよ。家内にも正式に「令夫人」として招待が来た。それで二人で、出かけた。ここの管長の資格で、夫婦で公然と出かけるなんてこと、例がないなあ。禅の宗門だけでなく、真宗以外は、ほとんどそうではないだろうか。

　儂は、親鸞さんみたいな詩的なものはないけれど、若い時分から嘘をついたり誤魔化すのが嫌いだったから、結婚もそれに従ったままでだ。人間には妙なものがあって、特に宗教界には、女性の問題はみんなに隠している癖があった。それが儂は嫌だった。だから、ただ表向きにしたに過ぎない。

三十を出て間もなくのことだった。相手はなあ、寺の娘だったが、儂と同じように、お母さんが早く死んで、それにもめげず本人は健気に働いていた。それに同情していて、儂はまあ、やっぱり儂と一緒になったほうがいちばん幸せじゃないかと思ったことから、結婚したんだ。

しかし、覚悟はしていた。儂は、いきなりここの管長候補みたいな立場にあったから、これがたいへんな問題だったのだ。儂が妻帯を公然としたために、全部の信者が立ち去るおそれもあった。儂は、それはそれでもいいと思った。それくらい、何もかも捨てても仕方ないという考えだった。偽った生活はすべきではないと思った。

さいわい、何事もなく、子供が三人できた。男が二人、女が一人だ。女は嫁にいって、男の孫はもう大学を出て就職している。息子は、一人が坊さんやめるっていっていたけど、みんなからやっぱりやれやれと言われるらしい。自分がいま勤めている仕事をやめたら、じゃあ入道するか、なんて言ってるから、やっぱりやるか知らんが。

その孫がねえ、ここ（鎌倉）で、東本願寺の大谷光暢法主の孫（新門・光紹氏の長男、光見新々門）と幼稚園から小学校まで、組まで一緒だったのだ。男の子だ。それが、子供同士の話に、ぼくのお父さんは坊さんだ、ぼくのおじいちゃんも坊さんだ、というわけでねえ、なんとなく意気投合したらしい。光暢さんの孫は、こんど得度したろう。だもんだから、

「大谷は坊さんになったっていうから、ぼくもおじいちゃんの跡をやろうかなあ」

なんていってる。ハッハッハッ。仏縁だねえ。

なに、子が出来ても抱きもしなかったって？　儂がかい。そんなことはない。それはデマだよ。だって、父親だもの。むしろ儂は子を抱いて、はじめて母親というものの偉大さを知った。それが、人間として当り前に結婚して、当り前に子を儲けて父親になった、なによりの収穫だった。

夏の夜だったなあ。儂は書見していた。庫裡《くり》のほうで、二歳になった女の子が目をさました気配がした。行ってみると、蚊帳《かや》の中で掻巻《かいまき》から身をのりだして、目をさましているのだ。儂は掻巻を直してやり、手で軽くたたいて寝かしつけようとすると、なんと「ああちゃん」と言うではないか。ここにこうして父親がいるという

のに、母親を呼ぶのだ。小さい声で呼んだよ。こう、抱きあげてねえ、廊下をうろうろと歩きまわったんだ。そのうちに母親のことはあきらめて寝てくれるだろうと、こんな場面での父親なんてものは、あわれなものだ。ずいぶん長い間、歩きまわっていたよ。すると、どうだ。また「ああちゃん」だ。儂は、もうまいったなあ。世の子供というものは、これほど母親を求めるものなのか、と思ってねえ。こみあげてきて、涙が出て涙が出て……広い世間のお母さんというお母さんに、どうかわが子のために健康であってほしいと、祈るような気になった。泣きながら、祈ったよ。

こんなに儂は、他愛ない人間だ。こんな人間だよ。泣き虫だよ、ほんとは。

泣いたといったら、長男の五つの年だった。ちょうど、母の祥月命日の十月五日の前夜だった。この日は達磨《だるま》大師のお逮夜《たいや》になる。宿忌という。母と宗祖の両方の回向《えこう》ができるのだ。これも思ってみれば、よくよくの仏縁だな。いつもそうしている。心ばかりの供養のものを供えて回向するのだ。

そのとき、回向しながら、母のことを思っていた。なんと、長男が五つだ。儂が五つのとき、母はもう亡くなっている。五歳の男の子をかかえた父親が、だよ。いや、父親でさえも、だ。父親でさえも、この子のために父親として、生きてやらねばならない。この子をおいていま死ぬなんて、とんでもない話だ。儂がいま死んだら、この頑是《がんぜ》ない子供たちは、どうなるのだね。儂は、死んでも死にきれぬ思いだろうと思った。父親でさえ、そうなんだ。まして母親は、どんな心中だったろうな。どんな辛い思いで、子を残して死んでいったのかと思うと、儂は、母が可哀相で可哀相で、「お母さん」と呼んでね、泣いてしまったのだよ。

思えば「お母さん」と呼んだのは、三十年ぶりのことだ。三十年ぶりといっても、子供の頃、親しく「お母さん」と呼んでいたことなんて、もう忘れている。儂にしてみれば、はじめて声に出して「お母さん」と呼んだような、そんな気分だなあ。

子供の頃から母のことを想わぬではなかった。お母さんが恋しかったし、それよりも、こんな儂らを残して、なんで死んでしまったのだと、恨みがましい思いでいっぱいだった。ところが、その儂がその年頃になって、実際に子をもってみると、どうだ。残された子よりも、子を残して早く死んだ母親のほうが、何倍も何十倍も辛かったのだなあ。それがわかって、儂は、泣けた。

そんなことがあってから、儂は、子供たちのお母さんというのが、目についてねえ。お寺を下りて街道に出たら、たまたま、小学校の遠足の学童の行列に出会った。そこにはもちろん、お母さんは居ない。しかし、儂には、お母さんが見えたんだ。一人一人。みんな小綺麗な身なりをして、服装から持ち物のすみずみにいたるまで、お母さんの気持のいきとどいているのが、わかるんだ。儂は、その子供たちの母親のありがたさに、長い間、道端に立ち尽くしていたことがあったよ。

この話を『女性仏教』に書いたのだ。すると、浄土宗の和尚さんから手紙が来てなあ。何でも石山寺の近く（滋賀県大津市）のお寺だ。その和尚さんが、女性の法事に行くときは、この文章の載った雑誌を持っていって、読んで聞かせてお説教に代えているという。そこで、「母」という字を書いてくれというのでね、送ったことがある。

家内かね。いまねえ、まる二年、あっち（浄智寺）で寝たっきりだよ。儂の四つ下だから、もう八十を越えているなあ。

囚われの心

軽妙心

人間、いつも自分を身軽にしていなければならない。余計な荷物は持たぬことだ。荷物といっても物体ではない。心の荷物だ。心も体と同様、重い荷物を提げれば提げるほど、あるいは、身を鎧《よろ》えば鎧うほど、身動きがつかなくなる。鎧《よろい》のために方向感覚を失ってしまう。自分が被害を受けるだけなら、それもよい。自業自得だ。あまんじて、その結果を受けよ。けれども、見も知らぬ、まったくかかわりのない人をひどい目にあわせるということになると、これはもう、とりかえしがつかない。

そういうことが、実際に起ったのだ。

例の関東大震災（大正十二年ー一九二三）のことだ。あのとき、朝鮮の人が暴動を起すというデマが飛んだ。そのデマのために、罪もない多くの人が虐殺されたと聞く。実は、儂もその騒動の渦中にいたのだ。この鎌倉でも、騒ぎがあったのだ。その騒ぎに、実際に立ち会って、儂は、人間が心の荷物の重さに耐えかねて、たいへんなことを起し得るものだということを知った。なんの、昔の話だ。昔の話だが、儂は今も忘れない。

あれは、九月一日だ。大地震は。ここでも、ぐらぐらっと来た。ぐらぐらなんてものじゃなかったな。天地がひっくり返るようなものだった。この円覚寺もお寺が全部つぶれてしまった。書院がつぶれて、儂の衣《ころも》や袈裟《けさ》を入れたタンスが半分出ているんだ、そんな状態だった。

儂は、三十三だったなあ。その頃、ここ（円覚寺）の雲水の頭《かしら》だった。浄智寺の住職で、そちらが専任だったが、ちょうど管長が儂の師匠だから、僧堂のそういう役も儂がやらされていた。

師匠といえば、偉い人だったなあ。ちゃんと、いま何をしなきゃならんかということを心得ておられた。地震で駆けつけたとき、老師は黙って、儂に三千円くれてねえ。その頃の三千円だ。いや、待て待て、三千円じゃなかったかな。とにかく、三十円か三百円か三千円か、目の飛びだすような金だ。それを黙って渡すということは、これを費《つか》え、ということだ。

儂は、老師の気持がすぐわかった。震災の中心は、東京だという。ずいぶんひどいことになっているという。やがて罹災《りさい》者たちが、着のみ着のまま、食うや食わずで避難してくるだろう。儂はその金を持って、地元の農家へ飛んでいって、玄米を買いつけたのだ。

なぜ玄米だって？　そりゃ、そうだろう。農家はみんな玄米で保存している。精米は長う保《も》たんからな。とにかく、それを白米にしている間なんか、ありゃしない。儂は、その米を円覚寺へ運び込むと、門前に急ごしらえで、大きなカマドを据えたのだ。そして一抱えもある大きな鍋で、玄米のお粥を炊く。炊きあがった分から、あるだけの器によそってね、戸板を敷いて、その上に並べて冷《さ》ましとくんだ。ゴミの入らんようにしてな。

これは良かったんだぜ。鉄道みちが、いちばん通りやすかった。もちろん線路はずたずたで、汽車は通らないけれども、それだけに障害物がないから、歩きやすかった。大勢の人が、線路づたいに歩いてきた。

もちろん、食べ物を売る店など、ありゃしない。みんな空っ腹で、へとへとだ。その人たちへ、どうぞ食べてくださいといって、鉄道みちの脇へ並べて、店を出したんだ。もちろん無料だよ。喜ばれてなあ。喜んだといったって、言葉にして感謝を表現するなんてものじゃない。むさぼるように食って、黙ってさ、それで終りだ。だけど気持はつたわるわな。

なかになあ、お椀に手を出した婦人の指に、凄いダイヤモンドが光っているのを見たよ。罹災者だから、着物なんてぼろぼろだ。顔もすすけて、それはひどいもんだ。そんな身なりの人が、ダイヤを指につけている。この人は、相当な暮らしをしていたにちがいないんだ。それが、震災でおしまいだ。家族も散り散りになり、ダイヤを持っていたって、一椀の粥にもこと欠くのだ。人間が普段、頼りにしているものの値打ちということを、思い知ったなあ。

これは、何日もやったよ。

三日目だったかなあ、四日目だったかな。お寺も被害を受けているだろう。雨が降って衣や袈裟が濡れちゃいけないと思って、檀家に大工さんがいたので、頼んで来てもらって、とにかく当座しのぎのことをやってもらっていると、ジャンジャンジャンと半鐘が鳴っている。大工さんは、

「私は消防ですから、行かにゃならん」

というから、行ってもらった。ところが、いつまでたっても帰ってこない。火事がひろがっている様子もない。不審に思ってお寺を出たのだ。

寺を下りて左の方へ行くと踏切がある。その踏切へ五、六十人の人がかたまっている。「何だ」と言ったらば、朝鮮の人がおしよせてくる、と。手に手に、刀を持ったり包丁を持ったり、なかにはさびた槍を持ったり、もう、目茶苦茶な格好をして、殺気だっている。例のデマが、鎌倉までやって来たのだ。馬鹿げた話だ。そんな騒動が起るはずはないし、鎌倉まで来るはずはないんだが、そりゃもう仕方がないんだ。蜂の巣をつついたみたいで。困ったもんだよ、まったく。

そのとき、儂の頭に浮かんだことは、実は朝鮮の人といえば、東京あたりからわざわざやって来るのを待たなくても、地元に居るんだよ。ちょうど、三十人ばかり来て、踏切の先のトンネルを複線にするために掘っていたのだ。その人たちは、寝るところがなくてねえ、農家を借りて宿にはしていても、狭いから暑い間、往来へ戸板を出してその上に寝ていたんだ。

それに儂は気がついた。朝鮮の人は、日本へ連れて来られて、そういう苦しい生活をして働いている。あれらはどうしたかなあ、と心配になってねえ。ここへ、東京から朝鮮の人が攻めてくるなんて、そんな馬鹿なことはないと、まあ、儂は信じていたけれども、なにしろ、さっき言ったような殺気立ちようだから、そこで話題をかえて、

「建長寺のとこにいた人足はどうしているだろう」

といったら、

「あ、あそこを行くのがそれの大将だ」

と、こういう。

「ちょっと呼んでくれ」

といって、呼び寄せた。果たして、そうだった。人足を指図している現場監督だ。

「いま、どうしている」

といったら、

「いままでいた家がつぶれてしまったので、建長寺の山門へ置いてもらっているんですが、困っています」

という。

「どうした」

といったら、

「建長寺から、あそこに居られては困る、どこかへ引越してもらいたいと言われて困っています」

と、こういう。

「そうか、そいつはいかんなあ。食べものはあるか」

と聞いたら、

「それが困っています」

と、困りっ放しなんだ。

それで儂はすぐねえ、村の者はだいたい、おもな者は儂の顔を知っているから、

「おい、米なんかはどうしている」

と尋ねた。するともうすでに、村の米やなんかを集めてあるところへ保管しているという。

「そうか、それじゃあの朝鮮の人に一俵くれ。あれらを安心させてやりたい。金は儂が出す。だからやってくれ」

といったら、素直に一俵もって来た。それをかついで群衆の前を通ろうとすると、おっちょこちょいがいくらでもいるんだなあ。その米をどこへ持っていく、といいだした。ありのままに答えると、

「その米は、我々が食べるために集めたものだ。朝鮮の人に誰がやれといった」

と、儂に当ってきたんだ。

儂は、これは悪いことになった、と思った。儂はなあ、このくらいの竹の棒を一

本持ったきりだ。何したって、ガターッときてつぶれたとき、外へ飛び出したきりだ。白い着物（白衣）一枚着たきりだ。それでもって、儂は群衆の中へ入って、黙って竹の杖ついて立っていた。ワンワンワンと、それはもう騒がしいことだ。口々に、朝鮮の人の悪口をいう。まるで「鬼」のような話だ、みんなが。それを、儂に当るわけだ。儂は群衆の真ン中で、何もいわないで二十分ほど立っていた。黙っているから仕方がない。だんだん向こうも、下火になる。

勢いのおとろえた頃を見はからって、儂は思いきって言った。「それならば、殺せ」とね。それほど憎ければ、殺すがよい。それほど鬼のような人間なら、殺すがよかろう。そうじゃないか。みんな、相手を殺そうと思って、めいめいに刃物をもって集まってきたんだ。自分で、殺そうと決心してやって来たんだ。あんたがた一人一人が、殺さなきゃならんと思いつめているんだ。ただし、大勢で行っちゃいかん。一人で、自分はこれこれしかじかの理由で殺すということをたしかめて、行くがいい。そうではないか。相手は三十人だ。それを上回る人数でおしかけようというのは、これは無法だ。衆をたのんでやるのは、卑怯というものだ。やりたければ、一対一で勝負してこい――。

みんな呆れて、黙ってしまったよ。こんどは、儂が、

「普段は、ああして暑いなかを苦労して、まずいものを食べて、窮屈な生活をして、日本のために働かしといて、一たび事が起これば食糧が惜しいとは何だ。自分の食べ物を人にわけてやれないとは何だ。それでも人間か」

といって、怒り出した。

ちょうどいい事にそこに警察が来たんだ。鎌倉へ行くには、自転車をひっぱって、さっき言った踏切の先のトンネルを抜けると、早い。震災のときは、みんなあそこを通った。そこを通って、駐在が来たんだ。その駐在によって、朝鮮の人の暴動というのはデマだということがわかった。それみたことか、だ。みんなぽかんとして水をかけたようになった。

人間というものは、つねに自分を身軽にしていないといけない。身軽でないと、冷静さが保てないんだ。ここでいう身軽とは、ほかでもない。自分の心のなかにある、ものごとへのとらわれをなくすことだ。こだわりをなくすことだ。それなのに、

あれは、朝鮮人だという差別の心に重々しく鎧ってしまう。つねにこの鎧をまとって差別しているものだから、震災のような混乱が起ると、思いもかけない恐怖が湧く。鎧ゆえの恐怖心だ。普段から、鎧を脱いで身軽にしておかねばならない。それだけの話だ。

騒ぎの話に戻るが、それからというものは、万事うまくいった。米はかついで行かせ、また、その駐在がねえ、鎌倉警察から、朝鮮の人は危険な目に会うといけないから静岡県あたりへ移動するように、という命令が出たという。儂は、その駐在に言ったんだ。儂は加藤という署長を知っているから、加藤さんにそう言ってくれと。もし引っ越さすなら、絶対に途中の安全が保証されるように、警官を幾人かつけてくれるくらいの処置をしなけりゃ駄目だと。そうしなけりゃ、ここを動かしちゃ危いと言ってやった。

そういうことにして、そこを解決しといて、さあそのあとがおかしいよ。儂は朝鮮の人の騒ぎがデマだったってことを告げに歩いたんだ。鎌倉には、ヤグラといって横穴がたくさんある。みんなそこへすっこんで、甲羅の中の亀みたいに首をちぢめている。そこへ、もう大丈夫だから安心しなさいといって、ふれて歩いたんだ、宣伝に。みんな、安心したよ。

ほんとに、他愛のないもんだよ。人間はなあ。恥ずかしいけれど、そのとき門外の塔頭に避難していた連中もみんなカマやノコギリを持っていた。その中にねえ、西田天香さんの、下坐行の光泉林というところの夫婦がいた。その奥さんは、泣いた、という。足が悪い人なんだ。それが助けられて潰れなかった塔頭に身をよせていたのだけれど、包丁を渡されたって。これで人を切って生きるくらいなら、住んでいた寺が潰れたとき、ひと思いに下敷きになって死ねばよかったといって泣いた。そんなに混乱したんだ。だから我々は、普段から生活の態度を大事にしなきゃならないと思った。身軽にすることだよ、身軽に。つまらぬことにとらわれぬことだ。

きみ、ね、人を幸福《しあわせ》にすることは、自分が幸福になることだよ。儂が、病身でいながらこうしてわりと長生きをして、まだ幸いにこんなことを言っていられるのは、お師匠さんや若い時からの先輩たちの教えのたまものであるが、そういう「志《こころざし》」

というか、願いというか、それがまだ儂には燃えている。ローソクは、蝋がこんなにあったって、芯がなけりゃ燃えない。

昔の人はこころざしといったが、仏教では、誓い、願いという。「衆生無辺誓願度《しゅじょうむへんせいがんど》」という。衆生には限りがないが、どうかみんなを救ってあげたいということだ。「煩悩無尽誓願断《ぼんのうむじんせいがんだん》」。人間のまよいも限りがないが、どうかそのまよいは断ち切りますように。「法門無量誓願学《ほうもんむりょうせいがんがく》」。教えの門は広く限りがないが、どうか勉強いたしたい、と。最後が「仏道無上誓願成《ぶつどうむじょうせいがんじょう》」。仏の道は、この上もなく尊いものであるゆえに、なんとか成就したいと。この願いが、仏教を信ずるものの願いだ。人のためになろう。自分も完全に満足する人になろう、なりたいと思うよなあ。

この心があると、自分を粗末にはできない。自分を粗末にしない人は、人を粗末にしない。自分を粗末にするというのは、とりもなおさず、こだわったり、とらわれたり、余計なものをいっぱいくっつけている姿にほかならない。

人間、身軽にならにゃ駄目だぜ、きみ。

現代を憂う

国難

そして今

儂はいま、我々の仏教が、我々の「安心《あんじん》」にどうこたえるか、ということで頭がいっぱいなのだ。つまり、全人類の将来をどうするか、というような問に対して、もっとはっきりした見通しや、建設的な意見はないものか、それを探している。

ただ自分の国さえ良けりゃいい、じゃない。

けれども、ま、日本の国だって、自分の国を離れて、我々はまたあり得ない。そういうことからすると、まず、足許をかためて、自分の国を良くすることが肝要ということになってくる。脚下照顧だ。ところが、そういう目で見てみると、自分の国をよくするどころか、だんだん悪くなっているように思えてならない。儂は八十年しか生きてないけれども、その間で眺めてきたことは、まことに悲しいことばかり出てくる。儂の観察からいえば、明治天皇さまがおかくれになったあたりから、もうすでに退廃的なものが出てきたのじゃないかな。

今度の戦争なんかは、裏面から見ていると、初めから負けていた。あらためて、結果として負けたんじゃない。敗れるべくして敗れる筋書どおりに運んでいただけだ。儂は、この戦争が始まって間もなくから、こいつは駄目じゃないかと思っていた。というのも、あれだけ世界に日本人が誇っている文武というものが、全くいやなものになっていた。戦争になって、日本の主要都市のほとんどが焦土になって、敗戦という未曾有の体験をした。それから三十年、良くなったかといえば、どうだ。儂は、あの無茶苦茶な戦争を始めたときと、ちっとも変っていない、と思う。今のこのままじゃ、日本はどうなるのかね。

ここは鎌倉だ。このお寺（円覚寺）は、北条時宗公が、はるばる中国（南宋）から迎えた仏光国師（無学祖元）のために建てた寺だ。北条時宗というのはねえ、日本の国難を救ったただ一人の人といっていい。我々の歴史の英雄だ。よく考えてくれ。わが国民が、国難のために真剣に戦ったというのは、今度の大戦を除くと、元寇（文永十一年―一二七四、弘安四年―一二八一）の時だ。それから、日清・日露だなあ。そのほかは、内輪喧嘩ばかりしていた。ただ一つ例外的な豊臣秀吉だって、日本の武士に論功行賞に与える土地がないから、朝鮮を取るんだなんて、子供みたいなことをいっちゃって、無茶をやった。

時宗は、そうではない。あの通り元（中国）は世界侵略のほんの一節《ひとふし》として日本を攻めてきた。日本はそれで消えてしまうおそれがあった。だから、国をあげて夢中になって戦った。

そのときの日本国民の気持といったら、国のために神も仏も総動員して戦うという気分ではなかったかな。おかしなことを言うようだが、この円覚寺の三代目に、夢窓国師という偉いかたがおられた。京都の天竜寺や苔寺、金閣寺などの開山だ。このおかたの書かれたものを見ると、禅宗は昔、朝晩のおつとめをしたりお経を誦んだりすることはしなかったらしい。ただ、坐禅さえすればいいとある。禅の立場はその通りで、坐禅以上に尊いことはないんだ。

そういう日本の禅が、なぜ朝晩おつとめをするようになったかというと、これが元寇の役のせいだという。ほかのお寺が、みんなお祈りをして大騒ぎをしているのに、禅は坐禅をしているだけでは、つり合いがとれない。禅宗坊主は国家のことに冷淡だといわれるから、お経を誦んだと、こう書いてある。それくらいだったのだ。

時宗の官位は正五位の下《げ》だった。そういう低い位で明治の三十七年までそのままだった。明治天皇がロシアに宣戦して、その五月十七日だったかなあ、時宗公に従《じゅ》二位《にい》という位をくだすった。従二位といったってねえ、もう明治時代ならば、そこらの大きな大名の先祖なんかみんなもらっていた。時宗は明治天皇に上げていただくまで、軍人でいったら、大尉か少佐ぐらいの待遇にあまんじさせられていたんだよ。それを明治天皇は、従二位まで上げてくだすった。

儂の考えでは、明治天皇も自分が外国と戦って、いかにもその責任の重大なことがわかったのだろう。二度もやってね。

山本権兵衛《ごんのひょうえ》という海軍大将がいた。内閣も組織したことのある人だ。その人が水交社の日本海海戦の記念日に、こういう話をした。明治天皇のような豪気なおかたが、ロシアに宣戦の詔勅に御署名されるのに、手がふるえて書けなかったというのだ。それで、誰かが手をもって書かせたという。まだそんな内輪話も素っ破ぬけないときだから、これは速記しちゃいけないといって、記録には残っていない。

儂はこれを聞いたとき、あんな豪気なかたでも、と思った。決して、天皇を軽く見るんじゃない。それほど天皇というものが、国家の命運を考えるとき、「ああ、百二十代つづいたが、儂の代でひょっとすれば亡びるかも知れない」というお考えがあったんじゃないか。だから、その責任感が国民をひきしめたのだろうな。儂は、この話を聞いて、いっそう明治天皇が尊く思えるようになったなあ。

金子堅太郎というのは枢密院議員をした人でねえ、八十幾つまで生きていた有名な人だ。この人に、このお寺に講演に来てもらったことがある。毎年四月四日の時宗公の法要の時だ。金子さんは、もうかなりのお年だった。来てくれるかなあ、といって心配して、お願いしたらば、

「私は生きている間に一度は時宗公の霊前でお話をさせてもらいたいと思っていた。いい機会を与えてくださった」

と、こういう返事だった。寒い日だったな。本堂に金屏風をたてて、火鉢をいくつも入れていたのを憶えている。

そのときの話に、金子さんは、伊藤博文の、まあ子供のようなものだったらしい。事実、お弟子だなあ。明治三十七年の二月四日だそうだ。その日が、ロシアに対する最後の御前会議をする日だったそうだ。そしたら明治天皇は朝、御前に伊藤博文をお召しになって、決意を聞かれたという。

話は脱線するけれども、伊藤博文という人は、女好きだというので、ずいぶん評判が悪かった。けれども国家のこととなったら、それこそ徹底的に立派な人だったんだね。稀代に「私」が無かった。実に徹底していたらしい。そのときも、天皇に申し上げて、

「私も、いくらこの問題を考えても、ロシアという国はどうにもなりません。こちらが一尺ゆずれば、一尺出、一丈ゆずれば一丈出、とてもあの国とは妥協できませ

ん。いたしかたないから、運を天にまかせて、一戦してみるより他はございません」

とね。そしたら天皇も、

「儂もそう思う」

とおっしゃって、

「今日の相談はそういうことにしよう。そのかわり、お前は一歩も東京を離れないで、外交政治のことをやれ」

と、こう仰せになった。それを受けた。午後の一時から、御前会議が開かれた。ところが、会議を開いたらば、陸軍も海軍も「やります」とはいわない。

明治は遠くなっちゃったから、話さねばわからんだろうが、この間の日本をめぐる国際情勢というものは、そりゃ、ひどかったのだよ。最初の緊張は、朝鮮だ。中国が朝鮮へ軍隊を入れて、日本を押えつけようとした。日本は懇願したんだよ。どうか退いてくれと。ところが、中国はきかない。逆に部隊を増やすような傾向にあったから、日本はついに戦った。これが日清戦争だ。

戦いは、日本が勝って、遼東半島一帯と台湾をゆずり受けた。それで済んだと思っていた。ところが、どうだろう。すぐそのあとへ、ロシアとドイツとフランスが、横槍を入れた。三国干渉だ。三国が連合して、遼東半島を日本が領有することは、東洋の平和のさまたげになる、返せ、といってきた。返さなければ、三国は実力を行使すると言うんだ。

ドイツだってフランスだって、その一国でも、日本はかなわない。明治の新政府が生まれて、近代国家が成立して、まだいくらも経っちゃいない。そんな国が中国と戦って、疲れてへとへとになったところへ、そういうことを言っておどかしてきた。この時の、明治天皇以下の我々の先輩たちのくやしさといったら、なかっただろうな。やっと勝ったんだ。やっと勝って話がすんで、外務大臣の陸奥宗光らがやって、やっとまあこれで、と思ったら、三国の干渉。

しかたがないから、日本は遼東半島を中国へ返した。返したらば、ほんとうに人をバカにしたように、ロシアが中国から九十九カ年の契約で、その半島を借り受けた。奪《と》ったんじゃない、借りた、というんだ。日本が返すのを待ち受けていて、それをひったくって、横どりして、ロシアが勢力範囲にした。だから日本では「糞ッ!」

という気があって、十年間苦労して、軍艦を造った。

その時分、儂は十五、六歳だった。清水港のそばに育ったから、軍艦が沖へ来たのを、この目で見たのだ。十二杯もあった。六六《ろくろく》艦隊といってね、戦艦が六杯に巡洋艦が六杯だ。儂らは、それを遠くから見ても、あれが何だとわかったものだ。「三笠」や「敷島」という、これだって、今から考えりゃ知れたもので、一番大きいのが一万五千トンだ。小さな「富士」や「屋島」は、一万二千トン。それらが六杯と、それからあとは九千トン、八千トンの「出雲」や「八雲」などの巡洋艦が六杯だ。それだけの海軍力で、ロシアと戦うということになった。

そこで、最後の御前会議なんだ。ところが、陸軍も海軍も返事をしない。本当に戦争をやったらどうなるか、というのでこまかく詰めてくると、海軍の言い分はこうだ。ロシアの東洋艦隊というのが旅順にいる。これがほぼ日本の艦隊に匹敵するぐらいで、五分五分の勝負なら出来る。ところが、向こうにはもう一つ、バルチック艦隊がひかえている。が、これにも勝つ、というあてはない。陸軍は、といったら、朝鮮の京城、いまのソウルだな、そこに入っているロシア軍を、鴨緑江の北へ追い出すぐらいのことはできるが、あとはどうもというわけだ。何といっても、ロシアは世界一といわれた陸軍国だからね。

しかし、開戦は天皇や上層部で、すでに決められている。我々がここでじっとしていたら、ロシアはどんどん軍備を拡大して、戦わないで日本をつぶしちゃおうという肚《はら》だから、戦わないで滅びるくらいなら、とにかく一戦やって滅びようということになった。

ほんとうにあのときは、そういう内情だったのだよ。だから、天皇以下、みんなその気でやった。無理を承知でやろうということに、御前会議で決まった。

そのとき、伊藤博文さんは、枢密院議長だった。御前会議を終えて宿舎に帰ると、金子堅太郎さんのところへ電話をよこして、すぐに来てくれと言った。自動車なんかない時代だ。二人引きの人力車で飛んでいったという。ちょうど夕飯どきで、食事中だったが、とるものもとりあえず、飛んでいった。勝手知った伊藤さんの屋敷だから、ずかずかと上り込んでいって、書斎をノックした。けれども応答がない。仕方がないから、開けてみた。そうしたら、大きなテーブルの向こうへ、深く坐り込んで、腕を組んで、じいっと考え込んでいた。

伊藤さんは、重大なことがあると、いつもこうなんだそうだな。金子さんが前に立っても、わからないんだよ。これは何か重大なことらしい。そこで、大声で来たことを告げると、やっと我にかえって、とりあえず飯を食おう、とこうだ。金子さんが、済ましてきたからと断ると、伊藤さんだけのお膳を持ってこさせた。見ると、お粥なんだよ。食欲がなかったんだねえ。そのお粥に塩をふりかけてね、ぐりぐりぐりと箸でまぜて、まるで飲むみたいにして、わずか一杯をやっと食べ、それからブドウ酒を少し飲んで、それでいくらか平静に戻って、金子さんに向かい、いきなりこう言った。

「きみは、すぐに仕度をしてアメリカへ行ってくれ」

いきなりだから金子さんも驚いて、

「それはいったいどういうことですか」

――伊藤さんは、最後の御前会議にいたるまでの経過を一通り話し、

「もう今度の戦争は、まったく勝ち敗けはわからん。けれども、ともかく日本は、

ロシアという大国を向こうにまわして相当やるだろう。そこでちょっとしたきっかけをつかんで、講和してもらうんだ。アメリカのルーズベルト大統領は、日本に好意をもっているし、さいわいにきみは、ハーバード大学で同窓だ。だからきみをわずらわすんだが、すぐにルーズベルトに会って、彼に日本の立場を説明して、日本の窮境を訴えてほしい。仕方がないから一戦はする。講和の時機は、儂（伊藤）が手を上げて、サインを送るから、その時に仲介に立ってもらうように頼んでおけ」

と、まあ、こう言ったんだよ。

事は大きい。仕事としては重すぎる。金子さんは、そんな大役をひき受けるわけにはいかんと、断った。お互い、遠慮のない間柄だから、行け、行かぬで喧嘩腰になったらしい。すると、伊藤さんはこう言った。じゃあ、誰が行く、とね。

「あなたが行けばいいじゃありませんか」

「うん、俺が行けばいいかも知れんが、実は今朝陛下から、東京を離れずに外交に専念せよと命じられた。そこできみを頼むんだ」

それでも金子さんはきかない。しまいには伊藤さんが腹を立ててね、怒り出して、

「じゃあ言うが、儂が決心したのは、ほかでもない。昔、元《げん》が日本に攻めて来たとき、時の執権・北条時宗公は、奥方に、いま九州や山陽道の武士たちが戦っているが、あの防戦が不利になったら、この時宗が自分で行って指揮をとる。そのときは、そなたも行って兵隊の飯を炊くんだぞ、とおっしゃった。儂はこれを思い出した。だから儂も、もし今度の戦いがうまくいかなかったら、自分で銃をとって前線に立つという肚をきめた。時宗の決心を、儂もやろうと思った。そう思ったから決断したのだ。それなのにきみは、頭から出来そうにないといって辞退する」

といったそうだよ。

この場面を回想しつつ、金子堅太郎さんは、更に言葉をついで我々にこう注釈をした。

「あなたがた関東のかたにはわからないだろうが、私は九州福岡の出身だ。北九州は、元寇のとき、外国兵に踏みにじられ、大宰府まで占領された、だから我々の子供のとき、駄駄をこねると〝蒙古が来るゾ〟といっておどされた」と。そういう雰囲気のなかで育った金子さんは蒙古ときくだけで、今でも、血が逆流する。だから蒙古襲来の例を引きあいに出されると、全く無抵抗で、すぐ「わかりました」とこたえたという。

そして、戦いをやったら、あの通りになった。そりゃほんとうに、伊藤博文さんのいっていたことは、当っていたのだなあ。

陸軍は、鴨緑江の北まで、というのが限度だった。ヨーロッパでも、あそこをたいへんな要《かなめ》として見ていたようだな。ロシアの大陸軍を打ち破って、つき返した。遼陽の北まで、圧迫した。あれから図にのっていけば、ロシアの得意の手で、こっちは遠くへ行ってやらにゃならんのに、向こうはホーム・グラウンドだ。それでナポレオンもやられた。だが日本はぴしゃっと止めた。金子さんの努力で、米国大統領が仲介に立ってくれた。それでも国民は、勝った勝ったと有頂天になっていたから、あの時、講和に反対したんだよ。バカな話だ。わかりゃしないんだ。

もっとも、海軍の成果は、はなばなしかったわな。旅順港をどんどん攻めて、ついに封鎖して出られないようにして、そして後ろからつぶした。はるばる応援のためにやってきたバルチック艦隊を、日本海海戦で撃滅した。まったく、完勝だなあ。

しかし、戦いはそれまでだ。あとは、手も足も出ない。

それなのに、国民はわからない。国民はわからなくても、国家に責任を持つ人がわかっていた。それで救われた。だから、小村寿太郎さんなんか、講和会議からはコソコソ帰って来にゃならんようだったけれど、あれでよかったのだ。あれで日本の地歩は決まった。


儂のいいたいのは、明治時代は、明治天皇以下、伊藤さんのような人が、まだ鉄砲一発撃ってないときに、講和の準備をしている。これだよ。勝つよりも敗けない仕度だ。勝てば幸いだけれども、敗けちゃあ大変だから、折を見て一発やって、あとは外交で補う。これだよ。最後の最後まで、読んでいた。

それが、今度はなんだ。だらしない。このことを思ったらば、我々は明治時代の人に会わす顔はないよ、儂ははっきり言うよ。一番いけないのは、海軍の首脳部が駄目だったことだ。儂は鎌倉にいるから、ずいぶん海軍の人たちとつきあってきたが、まだ山本五十六さんの生前に、横須賀の学校でもってこきおろしたことがある。

僕が、なぜ腹を立てたかというと、こういうわけだ。

山本五十六さんは、越後の長岡中学の出身だ。あの人と中学の同期の人を二人、僕は知っていた。一人は海軍少将で、一人は医学博士だった。それらが僕の許へ来て、いろんな話をする。それが、山本さんの弁護なんだね。その頃、もうすでに、内側では海軍がだいぶ敗けていることもわかっていた。僕は、あのミッドウェイの戦いを、発表の四日ぐらい前にわかっていた。そういうこともあって、ああ困ったと思ったが、ぐっとおさえていたんだ。そこへ、山本さんの弁護をしている。

彼らは「山本は、この戦いは初めはいいが後がだめだと言っていた」と、こう言いだした。どうしてか。山本は、ハワイの空襲で大戦果をおさめたあと、東条英機さんに会って、もうこれから後は、大艦巨砲時代じゃない。これからは一にも二にも、三にも四にも航空機時代だから、全力をあげて航空機を作れと進言したそうだ。これは正しい。

ところが、東条さんはああいう人で、しかも陸軍大将だ。それ、陸軍が何にも戦果が上がらないところへ海軍があんまり勝ったもんだから、やきもちをやいたんだなあ。それで、意地になって、しまいの果てには、きみは海軍の連合艦隊司令長官だが、儂は一国の総理大臣だ。総理大臣が司令長官の命令を受けるってことはないだろう、なんて、子供の喧嘩みたいなことになった。で、航空機を作らなかったから、こんな結果になった、とこう言って弁護する。

儂が、じゃあなぜ職を賭して争わなかったか、じゃあ俺は司令長官を辞めるとなぜ言わなかったか、と言った。ところが、友達たちは、それも考えたが、それでは、海軍部内がおさまらなかった、とこう言うのだ。

きみ、これを何と思う。儂はこのとき、「馬鹿っ！」と爆弾を落としたんだ。それだから、きみらは腑抜けだってんだ。きみらの頭にゃ、海軍のための海軍しかないんじゃないか。海軍も陸軍も、国家の防衛のための海軍であり陸軍ではないか。国家の防衛に万全を期することが出来ないで、海軍部内の若い者の機嫌をとるような考えでいるから、日本はこんなことになったんだと。これだよ、きみ。トップがそんなことで、何がほんとうのことが出来るか。いいか。もうこれで敗けている。こんな人間が司令長官であって、勝てるはずがない。

『軍艦長門の生涯』という小説が出たよ、ずいぶん長く。あれを読んで、海軍の内部を見たらば、儂の思った通りだ。みんな自分のことばかり、考えている。

こんなこともあった。加来《かく》という海軍少将が、巡洋艦隊の司令をしていて、沈没した。そのとき、陛下の艦を沈めた責任者として、艦と運命を共にした。一緒に死んだんだ。それが、海軍の昔からのしきたりなんだなあ。だが、戦争中だよ。忘れもせんが、南雲《なぐも》大将の法事をここでした時だ。海軍の遺族もたくさん来ていた。そのとき儂は、言った。

聞けば加来さんは、ああいう死を遂げられた。海軍では、陛下の船を沈めた以上はという、艦長の責任を強調している。だがそれは儂から言わせれば、おかしい。軍艦や水雷艇は、作れば出来る。資材さえ揃い、手さえ揃っていれば、たいした歳月をかけんでも出来る。が、艦長クラスの軍人は、三十年もかからなきゃ出来ない。それを、自ら命を絶つなんて、とんでもないことだ。こういうことは以後、海軍はしないでもらいたい、と思い切ったことを言ったことがある。

比叡山の開山さま（伝教大師）の『山家学生式《さんけがくしょうしき》』という本のうちに、

「よく言いて行わざるも、国の師なり。よく言いよく行うは、国の宝なり」

という言葉があるが、儂は若い頃、この、よく言って、行えないものでも国の師、先生だという言葉の意味がよくわからなかった。どうしてこんなことを……言うくらいなら、実行ができなきゃ駄目じゃないか、と思っていた。

ところが、今度の戦争のあとさきに、はじめて、言うだけでも、正しいことを言うことは非常に勇気が要る、ということがわかった。たいがいの人が、あっちこっちに気がねして、よう言わんのだ。ずばり、と言うのは、よほど勇気の要ることだ。儂があんまり海軍を叱るものだから、坂本さんという海軍中将があるとき来て、こう言う。

「あなたがあんまり心配するから、昨日、海軍省へ行ってきた。係の者に会って、ようく聞いた」

「何を聞いた」

「あんまり海軍のできが悪いから、どうだ、と聞いた。と、向こうが言うには、いやもう絶対にこれからは、必勝の手がわかりましたから、そういうことはいたしません、と言った」

とこう言う。で、儂にも安心しろ、と来たんだ。そこで儂は言った。

「じゃあ、今まではどういうわけで敗けて、今度はどういうわけで絶対に敗けなくなるのか、それを聞いたか」

「そいつは聞いてこない」

「駄目だ。そんなことでだまされる時代はとっくに過ぎた。あんたはだまされても、儂はだまされん」

と言ったら、儂よりむろん歳の多いその中将が、泣きそうな顔をして帰っていったことがある。この人もいい人だったが、もう死んだなあ。

いちばんひどかったのは、十八年だったか、十九年だったかなあ。

目黒の海軍技術研究所というところへ、講演をたのまれた。小泉という少将がいた。あそこは、部長の少将が三人いて、所長が中将で、徳川という人だった。小泉という少将の部に、野上さんの息子さんが主計でいた。野上さん、法政大学の総長だった豊一郎さんだ。お母さんが、野上弥生子さん。その息子が儂のところへ来て、小泉少将からのたのみで、その人の部で講演していただきたいというので行ったのだ。行くと、小泉さんは、「実は儂の部だけだと思ったらば、所長の徳川中将が全員にたのめないかといいますが、どうでしょう」

と言うから、

「ああ、何人にしても同じだからいい」

と言って、二百人ぐらいだったかなあ。

その時分の技術研究所は、大学出の技術者がいっぱいいなんだ。それはもう、日本の海軍技術のいちばん大事なところだからなあ。一般に奏任官職工といった。みんな、大学を出た職工だ。それを前に、儂は話した。また悪いことに、儂は海軍技術部の腐敗の歴史をかなり知っていた。たくさん。だから、それをひっぱり出しながら、ぐんぐん締めてやったんだ。三時間二十分、講演をした。儂が、戦中戦後を通じて、これがいちばん長い講演だった。内容が内容だ。ほんとうに、一人ぐらいは飛び出してきて、殴られるかと覚悟していたんだ。それがどうだ。だぁれもしない。

それで時間など気にせずにやっていたら、自分の時計を見てびっくりしたくらいだった。

講演をすますと、小泉少将の室へ行った。所長の徳川中将以下四人が、みんな来た。そこで儂は、

「国を思うためとはいえ、ずいぶん失礼なことを言いました。あなたがたは、職務上、気がついていても言えないこともありましょう。儂はこういう野人だ。誰に遠慮も要らない。儂の言ったことが、すこしでも国のためになればいい。これだけです。どうかそう思って、まあ失礼な言葉があったら、許していただきたい」

——これはな、ほんとういったら、その人たちに対する慰めの儀礼だよ。肚の中では、煮えくりかえっていたのだ。

ほんとうに、そうだよ。儂の肚は。それがきみ、嘘は言えないもので、ずうっと後に、戦争がすんでから、やはり海軍関係の法要があってみんなと話したとき、このときの講演のことをちょっと言ったんだ。そしたらみんな……普通の洋服で背広を着ているから、海軍かなんかわからなかったが、上の方に坐った一人がバカに固

くなってきいていると思ったらば、話が終ると、

「全くその通りで、あの長時間、咳一つするものがなく、満場閴《げき》として声なしでありました」

と、こう言って証明したことがある。

きみ、いまこうして儂の言っていることは、ぜひとも言い残しておきたいから、言っているんだぜ。人は、相手が死んでしまったら、言いたいことも言えないからなあ。生きている間に言っておかなきゃ……だから、こんなことを言う。

これは日本の内部の、まことに悲しいことだ。まだまだいっぱいある。


話は元に戻るが、当時の海軍の司令長官が東郷（平八郎）さんなら、こんなことはないと思う。黙って辞表を出しちゃう。そうすれば、東条だって聞かざるを得ないんだ。あれだけ秀才といわれた人でも、まだ足らざるところがある。それが、日本を滅ぼすもとだった。そういう軍部を信じてしまっていた。ここに不幸があった。

軍部を信じていたといえばねえ、ここ（円覚寺）で軍事保護院の錬成会をしたこ

とがある。そのときも爆弾を落としたんだ、儂は。

軍事保護院は傷痍軍人の援護機関で、本庄大将が総裁だった。日本を東西半分ずつにわけて、岐阜県から以東、北海道まで二十二県ある。一県から二人ずつで四十四人あずかって、五日だったか一週間だったか錬成した。そのとき儂は、陸海軍の代表がいるまえで、開会式の後で幹部と一緒に弁当を食べながら、こう言った。

「儂がおかしく思うのは、なぜ軍部が嘘をつくか。なぜ敗けたときは、敗けたといわない。敗けても勝ったというから、国民は不安でたまらぬ。なぜ本当のことを言わない」

と言ったんだ。そうしたら、海軍は大佐だったが、その人は黙っていた。陸軍省から来たのは、その日は少佐だったが、その人がつべこべ言うんだ。

「おかしいことに国民は、勝ったといえば工場でも何でも能率があがる。敗けたといえば落ちる。だから言われない」

と、こうだ。儂は、

「そんなに、国民を信じないことではいけない」

と言って、そこにいた本庄さんに、

「あなたがたはなぜ黙っているか」

と詰め寄ったらば、またここにも変な答が出た。

「私は、なににしても予備ですから」

と、こう言う。儂は、怒ったなあ。

「天皇陛下の親任官であるあなたがた陸軍大将が、予備だの後備だのといって責任がないような顔をされてはたまらん。国民は、軍部は上から下まで一団となって、ありったけのことをやってくれていると思っているからついていっているのに、そんなことでどうなりますか」

と、儂はほんとうに怒っちゃったんだ。

それで錬成をやったらば、参加者がまるで違った人のようになったなあ。閉会式に来た本庄さん以下の陸軍省や海軍省の人々がびっくりしてたぜ。儂は、閉会式にこう挨拶した。

「諸君は、目を怪我したり手を怪我していても、とにかく歴戦の勇士だ。いま国民は、もっているもの全部をお国に捧げにゃならんときだ。きみらは、捧げるべきもっとも尊いものをもっている。どうかきみらは、その精神を国民にうつして、各自の決意を固めてもらいたい。きみたちを甘やかすために、こんなところに集めたんじゃないぞ。最後のものを捧げる勇気、その決心をしてもらうために儂はあずかったんだ。責任者になったんだ」

と励ましたんだ。泣いたよ、みんな。もう、最後に答辞を読んだ人なんかは、暑いときだったが、手が不自由でシャツの襟をかき合わすことも出来ない。その両眼から涙がたらたらと流れて、はだけた胸につたい、光っているのを拭きもしないで、儂に謝意を述べた。感激的だったなあ。

これはもう、雑談になるが、終戦の前、儂は七月の初めから、もう日本は絶対ダメだと思うようになった。

すこし順序だてて言うと、木戸幸一内大臣の次男で、東大へ行っていた孝彦君が、学徒動員で大船の近くの海軍工廠へ出ていた。それが、日曜になると儂のところへ

来るんだ。儂は、日本はもう駄目だな、と言った。そしたら、

「先生、親父にいっぺん会ってくれませんか」

と言うんだよ。なにしろ相手は、内大臣だからねえ。なかなか会えないだろうと思ったら、その息子が、月に一度だけ家へ帰って親父と枕を並べて寝ることにしているので、その時によく言っておく、というのだ。そういう話が、七月の初めに出たんだ。

すると、七月の半ば頃、内閣書記官長をしていた迫水久常さんから電話が来て、二十日に東京へ来てくれという。その時分はね、料理屋まで陸軍と海軍にわかれていた。

「築地の海軍所轄の料理屋で一席設けます。ひさしくお目にかからないから、戦局政局の様子を報告して、ご意見をうかがいたい」

という。儂は、承知して行くことにした。そこで集まるのは、みんな儂の、まあ、内輪のような関係の人ばかりだったからなあ。

その会合へ行くと、もう海軍内部でも他に知ってるものもいたんだなあ。大尉ぐ

らいの人が来て、当時の食糧難だ、何か材料を持ってくるから、参加させてほしいと申し込んできた。とんでもないと思い、こちらは、内輪の集まりだ、突然他人の参加はこまるからことわる、といって断っちゃった。そうして、こっちは迫水さん以下、みんな寄った。それで迫水さんに、

「一体どうする」

といったらば、やっぱり戦況はまずい、結局は駄目だと。だが、ソ連が厳正中立を声明しておいて、それから調停にかかってくれるはずだと。だまされていたんだなあ、ほんとうに。

本気だったんだよ。ソ連の調停を信じていたんだよ、政府は。これを儂は、馬鹿な、と思ったけどなあ。それがために近衛（文麿）さんにソ連へ行ってもらう予定だというのだ。それが二十日だぜ、七月の。

儂は、それは駄目だと。とっくに向こうは向こう側で相談してるわな。そんなことを知らないんだなあ。儂はとにかく、そんなものを期待せずに、一日も早く講和の努力をすべきだと言ったのだけれどもなあ。そして、その二十六日に、ポツダム

宣言が発表された。もうこれが最後のチャンスだと儂は思った。こっちが応じて降参する。しかるに政府のほうは、（ポツダム宣言を）黙殺するという声明を出した。困ったことだ、と思っていたらば、越えて八月になると、六日に広島へ原爆を落としたんだ。あれが催促よ。日本はさっさと降参しろと。しなきゃこれだというわけだ。

その時にねえ、七日に儂は鎌倉に居て、原爆だということがわかった。それで、毎月八日の朝、九時からする大詔奉戴の儀式（宣戦の詔勅を拝読する戦中毎月の儀式）を七時に繰り上げてやり、戦地がえりの雲水がいたので、それに鉄カブト二つ持たせて、自分も法衣なんか着ないで身軽にしてモンペに地下足袋だけは新しいのをはいて、そして東京へ行ったのだ。

坂下門から……宮城へ。いまの皇居だ。天皇陛下のところへ、御機嫌うかがいに出たのだ。どんどん入っていって、御所へ行ったら、焼け野原だ。何もありゃしない。なさけなかった。それでもちゃんと、いつも行く場所にテーブルが出ていて、大きな帳面があった。天機奉伺《てんきほうし》だ。天皇陛下の御機嫌うかがいだ。そうして姓名を記帳しておくと、夕方それを陛下にお目にかけるのだ。陛下がどこにおいでかわからない。見当をつけて拝んだ。

そうしといて、宮内庁内大臣のいるとこ、ねえ。そこへ行ったのが、まあ十時頃だったろうな。まだ木戸さん、出てないんだ。松平さんという伯爵だったが、それが秘書官長をしていて、今日は会う約束があるのか、と尋ねる。息子さんを通じて、いつでも、ということだったというと、〈木戸さんは〉今日は来られるが、すぐ面会の人が決まっている、という。誰だと聞いたら、重光さんだという。外務大臣の重光葵さんだ。のちに降伏の調印をした人だよ。

そんなことで、会えなければ仕様がないと思っていたら、すぐに会えたよ。一時間も、二人でもって内輪話をしたんだ。もう木戸さんも、仕方がない、と。今まではソ連の仲介をといっていたけれど、もうこうなったら英米と直接交渉すると、こういうことになった。それで二人で、ポツダム宣言をいくらか読んでいたから、国体はどうなるか、陛下のご身分はどうなるか、教育はどうなるか、というような問題を一時間も話し合った。

そうしていると、重光さんが来たという。それじゃあもう儂は話はすんだから帰るといって廊下へ出ると、木戸さんが送って出て、孝彦のことを何分よろしく頼みます、といわれた。ねえ。そのあと、重光さんと会った。目礼を交わす程度だった。重光さんとは、それが最初の最後となった。

それから儂は、内閣へ電話をかけて……暑いんだ。もう、十一時といったら。八月の八日だからな。それで迫水さんに、とっても暑くて歩いちゃいかれないから、車を寄越してくれといって、車に乗って内閣へ行った。迫水さんは、広島から来た電報を見せた。原爆の被害をね。中部軍管区の首脳部では、畑元帥の存在がわかっただけで、ほかは全部不明。死傷十四万と、そういう電報だった。

それで儂は、もうこれ、すぐ講和しなきゃ駄目じゃないか、と言ったら、その時もまだ、ソ連が、と言っている。儂は驚いちゃったよ。馬鹿だなあ、と思ってねえ。そんな時じゃないぞ、と言ったけど、ソ連をあてにしている。駄目だなあ、ほんとに駄目だ。儂でさえ、とっくに駄目だと思っていることがわかんない。

しかし、考えてみれば、書記官長には国家の大方針を動かす力なんて、ありゃしない。そこで喧嘩したって仕様がないから、儂は連れていった雲水と握り飯を食べて、枢密院議長の平沼騏一郎さんに会いに行くことに決めたんだ。平沼さんは若いとき、円覚寺で修行したんだよ。僕のおじさんみたいなものだ。ねえ、だから電話をかけて、急に会いに来た、といったら会うという。

笑い話があるんだ。迫水さんの秘書官が車をさしあげますから、というので乗ったらば、運転手がどちらへという。西大久保の平沼議長、と告げたら、困りましたねえというんだ、運転手が。どうしてといったら、実はこのごろ車の油がなくって、内閣でも官長の油がやっとで、他はほとんどない。みんな、この車を狙うと。それで、昨日も官長に相談したら、車のことはお前にまかす、というので他のたのみは一切とりやめて官長のご用だけにしました。その官長が出かけるというので仕度したら、あんただったと。つまり「カンチョウ」ちがいなんだ。ハッハッハ……向こうは書記官長、こちらは、円覚寺の管長だ。それを聞いて、出かける時迫水さんがその場にいなかったので、それはわるいことをした、といって車を四谷見付で降りて、電車で平沼邸へいったら小一時間かかった。

平沼さんは、待っていてくれた。あの人はなあ、大日本修養団という、しっかりした団体の総裁だった。その団長が蓮沼門三さんだ。いまもう九十を越えたが、まだお元気だ。その人が来ていたんだ。

「儂は今日は急用で来ました。時間はかかりませんが、蓮沼さんちょっと席をはずして下さい。すみませんが」

と、すぐに平沼さんと膝つき合わして、木戸さんの本心をもつたえ、そしてあんたはどう思うといったらば、いや、もう仕方がない。やっぱり即時停戦だという。儂はなあ、それに勢いを得て、遠慮もしないで、こういった。

その時分は「臣道実践」というのがスローガンだった。それぞれの仕事に精進することが「臣下の道」だというのだ。一般の者は松根油《しょうこんゆ》一合をつくっても、米一升つくっても臣道実践だ。ところが、あんたがたは違うぞ、重臣として陛下を補佐して、いままで右を向いていたのを、百八十度の転換もせにゃならん。大局に善処していくのがあんたの臣道だ――なんて、生意気なことをいってねえ。そのおやじは、ウンウンといって聞いてくれたよ。儂は、ね、木戸さんも大丈夫だというが、重臣連は大丈夫か、と尋ねたら、儂（平沼）もそう思うし、みんなそうだろう、ということだった。それじゃ一刻も早くやってくれといって帰った。

儂が急《せ》いたのは、ほかでもないんだ。アメリカが短気を起して、一発、皇居の上へ落としたら、万事休す、と思ったんだ。陛下を失ったら、もう日本は駄目だ、と思った。平沼さんも同じ意見だった。

平沼さんも木戸さんも、重臣たちは大丈夫だというので、安心して帰途についた。そうしたら、戸塚駅で艦載機の空襲だ。窓からでも外へ出て、街へ逃げろという。隠れていて、艦載機の過ぎ去るのを待って、末寺のお寺へ行ってしゃがみ込んでいて、夕方寺へ帰って来た。

それから、今日か今日かと一寸刻みの思いで待っていた。終戦の詔勅の出たのが、九日に長崎に原爆が落ち、十日、十一日、十二、十三、十四、十五……実に八日目だぞ。その間になあ、儂は静岡県だけれども、静岡と沼津と浜松ぐらいの大都市が、一晩に三つぐらいずつ焼かれている。あの絨緞爆撃で。あれがもう二十日もつづいてみろ、日本はまったく焼け野原になっている。そういうふうだった。

ところで、儂がまた頭の痛かった問題は、寺（円覚寺）へ来ていた若い将校が、厚木の飛行場で謀反《むほん》をおこしたんだ。たとい政府が何といっても、陛下の行く末を考えたら、我我は安心できないといってねえ。どうしても抗戦せずにいられないといってビラをうんとまいたのだ。それが儂の可愛がっていたやつだ。儂も困ってなあ……。しかし、勇気のある男で、戦後、堂々と名乗って出て、米軍も理解し、比較的早く刑を終え、社会復帰も順調だった。今では立派に地方自治体の長をつとめている。もっともその所属飛行場の隊長がまた出来た人で、みんなを集めて、あとは私が引き受けるから、だまってどこへでもいけと解放させて訣別し、自分は切腹した。そんな涼やかな魂の人もいたのに、こんなことになったのはいかにも残念だ。

あれから三十年たつ。正確にいうと三十三年だ。原爆で死んだ人の三十三回忌だ。夢のようだなあ。夢のようだけど、夢ではなかったんだぜ。

それでなあ、いま日本がどうかというと、儂は、いちばん大事なことが二の次になっていることが悲しいんだ。みんな、それぞれのことはやるけれども、日本の国民精神を復活さす、ということは、どうだ。いうならば、愛国心を盛り立てることだなあ。これを唱えるものが誰もいない。こんなことで、何が日本が復活するか。誰に遠慮をしているのか。

たとえば、国旗一つでも、どんどん掲げてほしい。国旗まで遠慮している。馬鹿も休み休み言えだ。われわれが、どうにか食っているのも、どうにか世渡りしているのも、みんな国家のおかげでありながら、そのおかげを忘れて、日本をひっくり返すようなことばかり、いいふらしているやつが偉いやつだなんて、とんでもないことだ。わかるか、船が沈んだら、みんな沈むんだ。簡単な道理だ。

それとねえ、最後の締めくくりとして、日本人はどうしても、国民的鍛練というものが、まだまだ足らんということを、強調したいね。いまの日本が、こんなてんやわんやしていたら、儂は、危険だと思うね。

天皇

聖沢無辺

儂は、今年の年頭の色紙に「聖沢無辺の春」と書いた。実際、そういう感慨が深かったのだ。今年ほど、この思いを新たにしたことはなかった。

聖沢。禅宗では「しょうたく」と読む。皇室や聖人の恩恵ということだ。それが無辺であるという。ほとり（辺）なしだなあ。限りがないのだ。ここまで、という限りがない。人間がしていること、すべて限りがある。天皇も、聖人も、人間だ。したがって、人間天皇のなさることには限りがあろう。戦後、天皇は、全国をくまなくといっていいほど歩かれた。くまなくだ。表現では、くまなくだけれども、実際に行かれたのは限度があった。限度というより、ごく一部だったといっていい。

だから、天皇のなさることに、無辺だなんて、広々として限りがないなんて、そりゃあ無理な注文だ、ということになるだろう。

ところが、なるほど、人間天皇のおはたらきとしては、限りがあろう。しかし、その恩恵を受ける我々のほうからすると、それは広々として、どこまでもおよんでいることを知らされた。うん、最近だ。我々は、平気で生きている。いま、こうして、誰からも恩恵を受けていないような顔をして、生きている。けれども、そうではないんだなあ。

天皇の恩だけではないんだぜ。恩というものは、すべてについて、そうなのだ。仏教では、「四恩」ということを強調する。第一は父母の恩だ。第二は、衆生《しゅじょう》。すべての人々だ。それから国王、そして三宝という順になる。仏・法・僧だな。それらの恩恵によって、みんなは生きている。いやおうなしにだ。恩を感じるか感じないかにかかわらず、人は、その恩恵なしには生きておれないのだ。ほんとうに、無辺なのだ。ほとりなし、だ。

儂が、天皇の御恩について言うのは、昨日や今日のことではない。しかし、それがほんとうに、お礼の申しようもない、お返しのしようもない尊いものだと、身にも心にもひびいたのは、最近だったなあ。

一昨年の八月十五日の終戦記念日に、米国がその法律にしたがって、二十五年を経過した外交秘密文書を公開した。その中から『サンケイ新聞』が取材して、発表したのが、終戦直後の、天皇とマッカーサー元帥との十一回におよぶ会見の記録だった。それを読んで儂はもう、ドーンと来ちゃって……ああ、今上《きんじょう》とは、こういうおかただったのかと思ったら、胸がいっぱいになってねえ。もちろんその話は、まったく知らぬではなかった。ほのかには耳にしていたよ。しかし、二十五年ぶりに公開された秘密文書という事実をあらためてつきつけられてみると、やっぱりそれまでは、聞くに耳なしだ。ほんとに聞いていたとはいえなかった。

日本の敗戦は、そりゃひどいものだった。五年戦って、日本の大都市のほとんどは焼け野原だ。ひどいというのは、そういう日本側の事情だけではない。連合軍側も、ひどいことを考えていたらしい。これは、その秘密文書じゃなくて、他から聞いた話だ。

日本の戦争の仕方は、いままで世界の国々がやってきたのと、ずいぶん勝手が違っていたのだ。それで、連合軍側はこんなことをする国を許しておくと、また世界を困らすことをやるだろうというので、この際、思い切って領土を六つぐらいに分割して、連合国でとってしまおうとしたのだ。しかも、領土の分割だけではなしに、生き残った日本人を、全部奴隷にするという相談があったらしい。しかし、日本人はそんなこと知らない。ただ、無条件降伏だから、どんな目に会わされるか、とただ戦々恐々としていた。

そんななかで、天皇は、連合軍総司令官のマッカーサー元帥に会われたのだ。

以下は、マッカーサー元帥の「回想」だ。それによると、元帥が東京に着いて間もなくのころから、元帥の幕僚たちは、天皇を呼べ、としきりに進言していたらしい。権力を示すためだ。ところが元帥は反対した。そんなことをしたら、日本の国民感情を踏みにじるばかりでなく、天皇を国民の前に殉教者に仕立てあげることになる、と。わかっていたんだなあ、元帥は。日本人というものを、その国民性というものを。そこで、待とう、そのうちに必ず天皇が自発的に会いに来るだろう、というわけだ。西洋の性急《せっかち》より、東洋の我慢づよさのほうが、我々（連合軍）の目的にかなっているといった。

天皇は、そういう元帥のところへ会見を申し込んでこられた。まさに自発的だ。元帥は、もちろん快く会ったよ。そうだ。例の、誰でも知っているあの写真だ。軍服のマッカーサーと、モーニングの天皇の並ばれた一枚の写真だ。あれを見るとね、天皇がひどく緊張しておられて、元帥はくつろいでいて、いかにも戦勝国の代表と敗戦国の君主という感じだが、「回想記」にも同じことが書いてある。

元帥は、ずいぶん気をつかったそうだよ。天皇の扱いを粗末にしてはいけない、君主にふさわしいあらゆる礼遇をしなければならないと命じていた。それでねえ、最初の会見のとき、元帥みずから出迎えてねえ、まず自室へおはいりを願い、陛下のご気分を楽にしてあげようと、実は一度、大正天皇に拝謁したことがある、というような話をして、できるだけくつろいでいただこうと努力したんだ。

それでも、天皇は緊張しておられた。通訳だけを残して、あとは全部、お人払いだ。元帥が、タバコをすすめると、天皇は礼をいって受けとったので、火をつけてあげようとしたところ、天皇の手がふるえているという。このとき元帥は、心から天皇に同情したのだなあ。天皇の感じている屈辱の苦しみが、いかに深いものであるかがわかったと、書いている。

しかし、元帥には、心配があった。それは天皇が自発的に会いに来られたということは、あるいは天皇自身が、みずからの立場の救済をもとめてきたのではないかという不安だ。天皇が、戦争犯罪人として軍事裁判に起訴されないように訴えるのではないか――。

それというのも、当時、連合軍の一部、特にソ連と英国だ。その両国が、天皇を戦争犯罪人に加えよという声が強かったらしい。意見だけではなくて、これらの国が最初に提出した戦犯のリストには、天皇の名が筆頭に見えていたという。

もちろん、元帥は反対だった。元帥には、そんな行為が、いかに悲劇的な結果になるかわかっていた。それで、つよく抵抗したという。だが一時は、ワシントンさえこの意見に同調しそうになった。元帥は、もしそんなことをしたならば、すくなくともあと百万の将兵が必要だと警告した。天皇が戦争犯罪人として起訴され、責任を負って処刑されるということにでもなれば、ゲリラ戦が始まることは必至だと踏んでいたのだ。そういう元帥の警告で、戦犯容疑者のリストから、天皇の名は外されていた。しかし、天皇は、それを知らないはずだ。だから元帥は、不安をおぼえたというんだよ。

ところが、どうだ。天皇は、自分の命乞いをするようなお気持は、毛頭ない。それどころか、すすんで、自分はどうなってもかまわないといったんだ。「回想記」は、こういう。

「私は、戦争遂行にあたって政治・軍事両面ですべての決定と行動に対する全責任を負うものとして、私自身をあなたの代表する諸国の裁決にゆだねるためにおたずねした」

元帥は感動したそうだね。元帥自身もいっている。「私の知り尽くしている諸事実に照らして、明らかに天皇に帰すべきでない責任」を、天皇は引き受けようとなすっているのだ。この勇気に満ちた態度は元帥の骨の髄までゆり動かした。その瞬間、私の前にいる天皇が個人の資格においても、日本の最上の紳士だと思ったそうだ。そう書いてある。

その後、再々、天皇と元帥は会った。元帥はな、占領政策について、その背景にあるものを説明したそうだが、天皇は、誰よりも民主的な理解を示したといっている。こうも書いてある。

「天皇は日本の精神的復活に大きい役割を演じ、占領の成功は天皇の誠実な協力と影響力に負うところがきわめて大きかった」

その後、天皇と元帥は、いよいよ親密になっていった。第三回目の会談あたりになると、親身の兄弟かと思うほど深まっており、うっかりすると、日本の天皇と、日本の元帥の対談かと間違いそうなほどうちとけておられる。

これは、まったく、天皇の崇高な精神のあらわれだ。その崇高さは、マッカーサーをおどろかしたように、まったく「無私」で「無心」だったということだ。この無私で無心な天皇を中心にいただいているかぎり、日本民族は、再び狂暴な戦争をする筈がない、と元帥に思わせたのだ。この天皇を含めて、国や国民を苛酷な処置にすることは、人道上なすべきでないと決意させたのだ。

マッカーサーは、幼い頃から、深いカトリックの信仰の中で育てられたという。その愛と正義感が動かされたのだな。そしてその感動が、米国民を動かし、ついには連合国全体をも動かして、日本は保全された。それだけではない。いろいろ、国際的な援助を受けて、日本は立ち直った。わが国の復興は、実に、このときに始まったといっていい。天皇の無私と無心の心が、マッカーサーを揺り動かしたときに始まったといってもいい。

仮にだよ、仮にもしそのとき天皇がおいでにならなかったらどうか。また、そのときの天皇が、今上《きんじょう》のように無私で無心なかたでなかったら、どうだ。思えば、ゾッとするではないか。

あれから三十年、日本は復興した。世界に誇る経済大国だ。考えてもみるがいい。こんな豊かな時代を、我々が、我々の先祖が、いつの時代に体験したというのかね。それもこれも、天皇のおかげなんだぜ、きみ。

まったく「聖沢無辺」だ。「鴻恩」だなあ。こんにちの繁栄もなにも、すべて、この天皇の無私と無心の慈愛に生かされていたんだぜ。それを思い出してほしい。
人間、恩を忘れちゃいかん。

庭に鳴く虫の声

白隠禅師

白隠禅師は、儂のくにの先輩なんだ。

駿河（静岡県）といったら、清水湾を囲んだ温暖な地帯だが、あのくにが、また、考えるとおかしいんだ。まあ、日本人のうちでも、歴史的に一流といわれる人は、あまり出ていない。

そんななかで、禅宗だけは二人も出している。白隠禅師と、もう一人は大応国師だ。大応国師というのは、いわばわが国の禅の源流みたいなかただ。禅は、日本へ四十六流が入ったことになっている。そのうちでも特に二十四流、半分ばかりだが、その二十四流が根を生やした。ところが、その二十四流もほとんどが滅びて、そのうちのただ一派が残っているのが、大応国師の禅だ。

そのほかに、日蓮さんの弟子に日持《にちじ》上人というのが出た。日蓮さんの偉いお弟子さんを六老僧というが、その一人だ。日蓮宗を広めるために、カラフトまで渡ったという伝説の人だ。

そのほかに……となると、さあ、居ない。ちょっと有名なのは、由井正雪か。これは、徳川幕府を倒そうというぐらいの男だったが、結局は自殺してしまって、徳川時代は口にするのもはばかられる、逆賊みたいに扱われた。近頃じゃあ、清水次郎長ぐらいのものだなあ。さっぱり、英雄は出ない。大名があるかと思ったら、織田信長に手柄をたてさせるために出てきたような今川義元で、殺されて有名になったぐらいのことだ。

そういうわけで、白隠さまは、儂のくにを代表する人物といっていいだろう。儂とは、因縁というのか、深いつながりを感じるなあ。ちょうど、儂の育った寺の下寺《でら》の御住職だった。原といって、いまは沼津市になっているが、昔は五十三次の宿の一つで、原宿という、そこの、小さな松蔭寺というお寺に住んでおられた。

これがなかなかのおかたで、小さいときから、おそろしく仏教的だった。儂とはちがって、二親ともそろっていて、家も中産階級だった。そういう恵まれた環境に育って、小さい頃から宗教的にめざめるというのは、よくよくだったのだなあ。その動機は、儂と同じように、死ぬのが怖かったという。

五つぐらいだったか、日蓮宗のお寺へ行ってお説教を聴いていたら、地獄の話になった。こういう地獄があって、こんな設備があって、こんなふうにして罪のある人は、焼かれたりうでられたりするという話だ。さあ大変だと思った。

帰って夜、お風呂へ入った。昔は、風呂というと、下で火を焚く。ゴーゴーと音がした。白隠さんは、

「お母さん」

といって泣き出した。なんだ、と聞いたらね、釜の下で火を焚いているのを見て、昼間お寺できいたお説教の地獄を思い出した。さあ、地獄へおちないためにはどうしたらいいか、お母さんをつかまえて放さない。お母さん、無理難題を吹っかけられて、困っちゃった。答を聞くまで、風呂から上がらないという。仕方ないから誤

魔化して、明日の朝、教えてあげるといって時間かせぎをした。

お母さんにしてみれば、一晩たてば忘れてくれるだろう、ぐらいのことだったろうよ。ところが白隠さんは忘れない。さあ、地獄へおちない方法を教えろと、こうだ。とっちめられたお母さんは、窮余の一策で天神さんを思い出した。おまえは丑《うし》の年の丑の日に生まれたから、天神さんに縁がある。だから天神さんを信心しなさい——大した自信もなく、そう言っちゃったのだろう、ねえ。

白隠さんは、うーん、そうか、というわけだ。その時分から頭がよくて、ものを読めたんだなあ。『天神経』という、天神さんにお経はおかしいというのはこんにちの感覚で、当時は神仏混淆だから、すこしも変ではない。天神さんの画像をまつって、お経を誦んで、地獄におちないようにしていた。

その頃だ。兄さんが買ってきた、小さな弓があった。それを家の中でひいて遊んでいたらしい。ところが手許が狂って、矢が外れて、これも兄さんが買ってきておそろしく大事にしていた掛け物に当った。しまった、と思ってね、こういうときには天神さんだ、どうぞ兄さんにわからないように、といって一所懸命たのんだ。ところが、どうだ。ちゃんとわかって、お前だろ、といって叱られた。このねえ、子供のときの宗教心理というのは、おもしろいもんだ。さあ、天神さんも、あてにならない。

　そこで、観音さんだ。これも神仏混淆で、天神さんの本地は観音さんだと説かれている。観音さんのあらわれが天神さんというわけだ。白隠さんは、こんどは『観音経』をおぼえた。となえるだけではない。意味もわかったんだなあ。たいしたもんだ。その『観音経』に、

「観音様を信仰する者は火難も水難もかならずまぬがれる」

と書いてある。ははあ、と思った。なにしろ好奇心の旺盛な子供だったからな。それならば、ひとつ実験してみようというわけだ。これだけ『観音経』を誦んだのだから、お経に書いてあることが本当なら、火にあぶっても熱くないだろうというので、焼け火箸をこしらえて、そうっと自分の腿《もも》へ当てた。ところが、ジューッといっちゃって、見事に火傷だ。

　これじゃ、『観音経』もあてにならない。まあ、この辺がほんとに可愛いような

ものだけど、そういうところがおもしろいんだ。

そこで結局、「禅」ということになった。禅寺をうろうろして、禅の真似事を始めた。そうしているうちに、だんだん歳をとってきて、禅を本格的にやることになり、清水の禅叢寺へ入った。そこは、雲水たちが集まって勉強する塾のような、大きなお寺だった。そこへ入って、お坊さんになる勉強を始めた。

ところが、もともと利発な子だから、いろんなものが目に入り、いろんなことにつき当る。たとえば、中国の偉い禅僧で、巌頭《がんとう》和尚という人の伝記を読んで、また迷った。巌頭和尚は、それはもう立派なかたで、禅の歴史じゃあ、ほんとに横綱格の人だ。それが、中国というのはもともと乱世の多いお国柄だったから、その禅宗の横綱が、最後に強盗に襲われて殺されている。

まあ強盗なんていうより、匪賊だろうなあ。こんにちでいったらギャングだ。それがお寺へ侵入して、巌頭和尚を斬るんだ。殺すんだ。このとき巌頭和尚が、カーッという一喝を吐いたら、それが数里の外に聞こえたという。それぐらい大きな声で一喝した。一喝はしたけれども、首は斬られたのだ。

これを読んで、白隠さん、また悲観しちゃった。禅宗で、あれだけ神様みたいにいわれていた巌頭和尚が、死ぬときに泥棒の刃《やいば》を防禦することもできなかった。禅もやっぱりあてにならないじゃないか、というわけだ。そこらは、ま、幼稚なことだけど、ほんと、そのとき途方に暮れた、と書いてある。

やっぱり白隠さんも人の子だったんだなあ。これほど、期待した宗教の世界に次々と裏切られてみると、がっくりきてしまったのだろう。せっかく坊さんになって、地獄の苦をまぬがれる修行をしようと思ったのに、これではどうも坊さんもおぼつかない、と。仏教のどれもこれも信じられない。ま、仕方ない。こうなったら、自分は頭も良く、学問も出来るから、学問でもやって、利口な坊さんといわれて、適当に世渡りしようかと、こういう気になった。

みんなそうなんだ、人間はねえ。だから、人間は向上するときもあれば、ひょっとよろめいてしまうこともある。あるいはそのまま下へいってしまうのもあるし……白隠さんがそのときの動揺のままだったら、あとの白隠はないんだが、そういうことになった。

よろめきつつも、白隠さんには、学問という方向がある。それからというものは、詩をつくったり文章を書いたりして、あちこちにそういう道の達人をたずねて歩いた。美濃に馬翁和尚といって、たいへん学問のできる、詩文にもたけた立派な人がいた。馬翁和尚は、おそろしくやかましい人で、たいていのお弟子さんがつとまらずに逃げてしまう。ところが、白隠さんは馬力のある人だから、何糞というわけでそこに残って、学問一筋にすすんだ。

そこで、思わぬことに出会うのだ。

夏の土用だった。昔は、土用には虫ぼしのために本をさらしたものだ。本堂いっぱいちらけて、虫ぼしをする。馬翁和尚は学者だから、たくさん書物があった。それを、ずうっと本堂にひろげていた。

どうも、思うにねえ、白隠さん、どこかでそおっと昼寝でもしていたらしい。目をさまして、寝惚けまなこで、いろんなことを考えていた。どうも、自分はせっかく坊さんになりながら、地獄の苦を逃がれる目当てもまだつかない。こんなことをしているが、これでいいのか……そんなことを思いながら、本堂へ行ったのだな。

すると、どうだ。本堂にいっぱい、本がひろげてある。手にとって読もうにも、どれから手をつけていいやらわからぬほど、いっぱいある。そこで白隠さんの頭に、ある考えがひらめいたのだな。

仏さまの前に行った。私は、このとおり迷っている。この本のなかに、いろんな仏教の教えが説かれてあるが、私の進むべき道を、ぴったりと指図してくれるような本にめぐり会わせて下さいと、お祈りして、そうして、クジを引くように、本堂の中を歩きまわった。足の停まったところで、一冊の本を手にとる。それが仏さまの教えだと思って、目をつぶってとりあげてみた。それが『禅関策進』だった。明《みん》（中国）の雲棲袾宏の著した本だ。

これは、昔の禅の高僧がたが頑張って坐って、悟りをひらいた実例をずっとあげてある。そういう本なのだ。白隠さんは、これが仏の教示かと思い、むさぼるように読んだ。なかに、慈明楚円についてこんな話が書いてあった。

河東というから、中国の北のほうの寒いところだ。冬になると零下何十度になる。そういうところへ六人で行って、修行することになった。その中の最年少の人物が、慈明楚円だ。厳寒の頃になると、こんなときに坐れば体にさわるというようなことで、みんな、夜の坐禅をしなかった。ところがこの人は、せっかく禅坊主になって、悟りがわからないでどうするかと、一人で頑張った。

「古人刻苦して光明必ず盛大なり」

とある。昔から、坐禅は刻苦だ。苦しむ。うーんと苦しむ。苦しんで修行してはじめて「光明かならず盛大なり」と、こうなる。そうして得た悟りは、立派であった、というわけだ。それに対して「我また何人《なんびと》ぞ」と問う。儂は何だ、というのだ。「生きて時に益《えき》なく、死して人に知られず」という。生きていても世の中の何の役にも立たず、死んでも名も知られないではないか、というのだ。そういってねえ、自ら錐でもって、坐禅している腿を刺した。そうして目を覚まして、坐禅をつづけた。

こりゃあ、ずいぶん壮烈な坐禅だよ。錐を刺しちゃあ、血が流れるにきまっている。そうして坐禅している。夜も眠らずに頑張った。それが、どうだ。いちばん歳の若い慈明楚円が、ほかの五人の誰よりも先に修行が成就して、師匠からみんなが暇をもらって寺を出るとき、

「おまえは、いちばん上に坐れ」

といわれて、最上席につかされた。そのくらいできちゃった。これがまた偉い人で、下にお弟子さんのいいのが出来て、この臨済宗という禅は盛んになったのだ。

白隠さんは、その人の伝記を読んだ。感奮興起したという。うーん、というわけだ。

それからというものは、まったく気違いみたいになって、坐禅した。「我また何人ぞ」というわけだ。「賢を見てはひとしからんと思う」だ。志のある者はこうなくてはならない。


こういう話がある。

その頃の旅行は、みんな歩くより仕様がないんだが、昔、妙心寺開山の関山国師という人が、京都と鎌倉をなんべんも往き来したが、ついぞ富士山を見たことがないという。上を向いて、あの富士山を見上げる余裕がないほど、自分の工夫に一心であったという話を思い出し、儂もそのくらいと思って、白隠さんは岡山県から沼津まで帰る途中、須磨や明石の名所を通っても、目もくれなかった。国へ帰って、途中の景色などを聞かれたら、何も知らないと答えたという。

　こんな逸話も残っている。

　昔は、めいめい自分の荷物を背負って歩いた。白隠さんは、仲間と旅をしていたんだな。友達が、きみは達者でいいが、俺はきょうは足が痛いとか、腹が痛いとかいって、すこし助けてくれないかというわけだ。そんなことをいって、体の頑丈な白隠さんに、荷物を持たせたらしい。白隠さんは、何もかも悟りたい一心だから、これも功徳だと思って、たくさんの荷物を背負い込んで、自分の修行が早くできるようにと、仏さまに祈りながら歩いた。

　瀬戸内は、船に乗る。すると急に時化《しけ》が来て、船は大揺れに揺れた。ところが、白隠さんは、昼間、荷物を背負って歩いた疲れで、ぐっすり寝込んでしまったから、何も知らない。目をさましてみると、船頭は髪を切ったりして、ま、えらい格好をしている。いったい何があったんですか、というと、船頭が睨みつけて、儂も長く船に乗っているが、おまえみたいに胆の太い坊主は見たことがない。ゆうべは大時化《おおしけ》で、この船もすんでのところで沈むかと思った。儂は髪の毛を切って、竜神に祈って、やっとここまでたどり着くことができた。みんな、ヘドを吐いて真ッ青になって苦しんでいるのに、おまえ一人ぐっすり寝込んでいる。エライ坊主だと、悪口をいわれたそうだ。ま、昼間、すこしでも修行のためにと思って人を助けてやったので、そんな苦しみを知らずにすんだ。良いことをすれば良い報いがあるっていうが、ほんとうだ、と伝記に書いてある。

お師匠さんの馬翁が濃州の瑞雲寺で病んだので、そこで看病していた。それが全快したので沼津へ帰ったら、宝永山《ほうえい》って、あの富士山のコブができたときの噴火が起った。駿河は地元だからたいへんだったらしい。火山灰で、あの辺は埋まったという。それに、大地震のように、家がぐらぐらした。

そんななかで、白隠さんは本堂の隅で坐禅しておって、出て来ない。実家の兄貴が飛んできて、首ったまをつかまえて、引っぱり出そうとしたそうだ。そしたら白隠さんは、儂の坐禅が本ものなら、仏さまが守ってくれるから大丈夫だ、たとえ外に出たって、いまのままで死ぬならつまらんから、いっそ、ここで死ぬほうがましだといって、きかなかったという。それぐらい頑張ったんだ。その甲斐あって、二十四歳の春、越後の高田の英巌寺という寺に集まりがあって行ったときに、初関を透った。

そこでも、みんなのガタガタするのを嫌がって、静かな、その藩の殿さまの位牌堂で、独り、坐禅をしていた。坐禅三昧だ。すると、明け方の鐘がゴォーンと鳴った。その鐘声をきいて、はじめて我にかえった。

さあ、そこでまあ、いわゆる悟りだ。いままでかつて触れなかった世界に出た。さあ、もう嬉しくて嬉しくて、だね。そのかわり、それまでの苦しみも深かったから言うことも大きくて、すっかり喜んじゃって、儂のように痛快に悟れた人は、日本に三百年ぐらいいなかっただろうと、大言壮語だ。そう言って、威張り出した。

人間って、仕様のないもんだなあ。出来ると、そうなる。ねえ、機鋒あたるべからずと、誰でも彼でもやっつけるようになった。天狗になったんだ。そういうものだな。だが、禅というものは、そんなことで本当にいけたわけじゃない。ほんの、禅の入口を見て、おどろいたんだ。おどろいて、自分がそれを克服したというので、有頂天になったんだ。

そのままだったら、白隠さんの禅は、野狐《やこ》禅に終ったろう。そこに偉い雲水が居て、おまえは儂が知っている人のところへ行くがよかろう、といって、連れていったのが、信州（長野県）の飯山《いいやま》の正受《しょうじゅ》庵におられた正受老人という、隠れた偉い和尚だった。そこへ白隠さんは連れていかれた。ほんとうの力のある人ってものはえらいもので、白隠さんがどんなに高慢であってもかなわない。叩きつけられちゃうんだ。完全に叩きつけられちゃった。

それから、苦しんで苦しんで、また、白隠さんの修行が始まった。そのお蔭でこの正受老人のもとで立派な修行を成就して、寺へ帰る。これからだったのだな、ほんとうの白隠さんの仕事は。

まだ三十まえだったけれども、自分の寺にいても、近くの子供に手習いを教えながら、坐禅をつづけていたらしい。その生活ぶりが面白い。夜、お駕《かご》の古いのに入ったらしいなあ。それも天井から吊り下げたんだから、ハンモックみたいなものだ。寝るんじゃないんだよ。その中で坐禅をするのだ。夜になると、子供たちに、ちょうど釣瓶《つるべ》の要領で、下から紐を引っぱって吊り上げさせる。朝、子供たちがやって来たときに、降ろすのだ。子供たちが来なかったら、いつまでも駕の中で坐禅をしていなければならない。そういう生活をして、坐禅の力を練った。

そうして四十二歳にしてねえ、ある秋の晩に、たまたま法華経をゆっくり誦んでいてね、庭に鳴く虫の声を聴いて、はじめて本当に深い禅の世界がわかった。白隠さんの伝記を書いた東嶺という人は、ここまで、つまり四十二歳までを白隠禅師の修行時代と位置づけている。ここが、まず禅機の熟したときだ。これからあとは、利他行だ。仏になったあとのはたらきだから、利他、つまり多くの人々を仏法にみちびくために生きられたのだ。それを「果行《かぎょう》格」といっている。

ま、白隠さんが、それだけ苦しんだり、ときにはよろめいたり、下がったり、いろいろしながら、また立ちかえっては、やり、つまずき、立ちかえりして、ついにそこまでいって、大安定の世界に出た。この過程がいいのだなあ。すうーっと悟っちゃって、そのまま行いすましているような人だったら、誰も白隠さんの跡を慕うようなことはしない。そういうものなんだなあ。

在りし日の宗源老師

在りし日の宗源老師

◆著者略歴

朝比奈 宗源（あさひな そうげん）

1891年（明治24年）静岡県に生まれる。

鎌倉・円覚寺住職。臨済宗円覚寺管長。水戸黄門、大岡越前など、時代劇の題字を手がけたことでも知られている。

32歳の時に日本大学宗教専門部（現存しない）卒。京都妙心寺、鎌倉円覚寺で修行。

1942年円覚寺貫主。1945年円覚寺派管長。1963年に賀川豊彦、尾崎行雄らと世界連邦運動推進のため世界連邦日本仏教徒協議会（世連仏）を結成、会長となった。

教育においては、横濱専門学校（現神奈川大学）で倫理学講師を担当し、高歯の下駄で鎌倉から通い横濱専門学校の多くの学生から慕われる。1936年2月26日朝、一時間目の授業に教壇に立つや「今朝、軍の暴徒が首相始め高官達を襲って暗殺したらしい。こんなことを許していては日本は滅びてしまう」（二・二六事件）と横濱専門学校の学生に言ったと伝わる。1945年（昭和20年）、広島に原爆が投下されるや、木戸幸一内府や平沼騏一郎らに終戦決断を迫った。生長の家開祖・谷口雅春らに呼びかけて「日本を守る会」を結成。

覚悟はよいか

2023年3月1日　初版第1刷発行
　　　3月31日　　　第2刷発行

著　者　朝比奈 宗源
企画協力　清水 克衛
発行者　池田 雅行
発行所　株式会社 ごま書房新社
〒102-0072
東京都千代田区飯田橋3-4-6
新都心ビル4階
TEL 03-6910-0481（代）
FAX 03-6910-0482
カバーデザイン　（株）オセロ 大谷 治之
DTP　海谷 千加子
印刷・製本　精文堂印刷株式会社

ISBN978-4-341-17240-4 C1010

●本書は『覚悟はよいか』（昭和53年・PHP研究所刊）を原本として編集、復刻版として出版したものです。